MW01484367

El libro del niño

OSHO

El libro del niño

Una visión revolucionaria de la educación infantil

Traducción de Luis Martín-Santos Laffón

Grijalbo

Título original: *The Book of the Children*

Primera edición en U.S.A.: octubre, 2004

© 1996, Osho International Foundation
Todos los derechos reservados
Publicado por acuerdo con Osho International Foundation, Bahnhofstr. 52, 8001 Zúrich, Suiza
© 1999, Random House Mondadori, S. A.
Travessera de Gràcia, 47-49. 08021 Barcelona
© 1999, Luis Martín-Santos Laffón, por la traducción

Quedan rigurosamente prohibidas, sin la autorización escrita de los titu-
lares del «Copyright», bajo las sanciones establecidas en las leyes, la re-
producción parcial o total de esta obra por cualquier medio o procedi-
miento, comprendidos la reprografía y el tratamiento informático, y la
distribución de ejemplares de ella mediante alquiler o préstamo públicos.

Printed in Spain – Impreso en España

ISBN: 0-307-20958-X

Distributed by Random House, Inc.

Sumario

Todas las secciones provienen
de charlas espontáneas
de Osho

Las cualidades del niño

L A EXPERIENCIA del niño obsesiona durante toda su vida a la gente inteligente. La quieren repetir: la misma inocencia, el mismo asombro, la misma belleza. Ahora es un eco lejano; parece como si la hubiese visto en un sueño.

Pero toda la religión nace de la cautivadora experiencia de la infancia, del asombro, de la verdad, de la belleza y de la hermosa danza de la vida en todas las cosas. Los cantos de los pájaros, los colores del arco iris, la fragancia de las flores recuerdan al niño, que ha perdido el Paraíso, en lo más profundo de su ser.

No es una coincidencia que todas las religiones del mundo tengan en sus parábolas la idea de que una vez el hombre vivió en el Paraíso y de alguna manera, por alguna razón, fue expulsado de él. Hay diferentes historias, diferentes parábolas, pero significando una verdad sencilla: estas historias son sólo un modo poético de decir que todo hombre nace en el Paraíso y después lo pierde. Los retrasados, los poco inteligentes, lo olvidan por completo.

Pero las personas inteligentes, sensibles, creativas, siguen estando obsesionadas por el Paraíso que una vez conocieron y que ahora permanece en ellas como una tenue memoria, difícil de creer. Empiezan a buscarlo de nuevo.

La búsqueda del Paraíso es nuevamente la búsqueda de tu infancia. Por supuesto, tu cuerpo no será ya el de un niño, pero tu conciencia puede ser tan pura como la de un niño. Este es el secreto del camino místico: hacerte de nuevo un niño inocente, sin contaminar por los conocimientos, sin saber nada, todavía consciente de todo lo que te rodea, con un profundo asombro y sentido del misterio que no puede ser desmitificado.

Alegría

Nadie permite a sus hijos bailar, cantar, gritar y saltar. Por razones triviales –quizá pueden romper algo, quizá se les moje la ropa con la lluvia si corren en el exterior–, por pequeñas cosas se destruye por completo una gran cualidad espiritual: la alegría.

El niño obediente es elogiado por sus padres, por sus profesores, por todo el mundo, y el niño juguetón es censurado. Sus ganas de jugar podrían ser totalmente inofensivas, pero es censurado porque existe un peligro potencial de rebelión. Si el niño continúa creciendo con total libertad para ser juguetón, acabará siendo un rebelde. No será fácilmente esclavizado; no le podrán reclutar fácilmente en un ejército para destruir gente, o para que le destruyan.

El niño rebelde se convertirá en un joven rebelde. Entonces no podrás obligarle a que se case; no podrás obligarle a aceptar un determinado empleo; no se le podrá obligar a satisfacer los deseos incompletos y los anhelos de sus padres. La juventud rebelde seguirá su propio camino. Vivirá su propia vida de acuerdo con sus deseos más íntimos, no de acuerdo con los ideales de otra persona.

Por todas estas razones, se sofoca su capacidad de jugar, se la aplasta desde el principio. Nunca se le da una oportunidad a tu naturaleza. Poco a poco empiezas a cargar con un niño muerto en tu interior. Este niño muerto en tu interior destruye tu sentido del humor: no puedes reírte totalmente, con todo tu corazón, no puedes jugar, no puedes disfrutar de las cosas pequeñas de la vida. Te vuelves tan serio que tu vida, en vez de expandirse, comienza a encogerse.

La vida debe ser, en cada momento, una creatividad preciosa. No importa lo que crees, podrían ser sólo castillos en la arena, pero todo lo que haces debería salir de tu capacidad de jugar y de tu alegría.

Inteligencia

La inteligencia no es algo adquirido, es inherente, es de nacimiento, es intrínseca a la vida misma. No sólo los niños son inteligentes, los animales a su manera son inteligentes, los árboles a su manera son inteligentes. Por supuesto, todos ellos tienen diferentes tipos de inteligencia porque sus necesidades difieren, pero ahora es un hecho aceptado que todo lo que vive es inteligente. La vida no puede existir sin inteligencia; estar vivo y ser inteligente son sinónimos.

Pero el hombre es un dilema por la sencilla razón de que él no sólo es inteligente, además es consciente de su inteligencia. Esto es algo único, es su privilegio, su prerrogativa, su gloria, pero puede convertirse fácilmente en su agonía. El hombre es consciente de que es inteligente; esta conciencia conlleva sus propios problemas. El primer problema es que crea el ego.

El ego no existe en ningún otro lugar excepto en los seres humanos, y comienza a crecer cuando el niño comienza a crecer. Los padres, las escuelas, los colegios, la universidad, todos ayudan a reforzar el ego por la sencilla razón de que durante siglos el hombre ha tenido que luchar para sobrevivir, y la idea se ha convertido en una fijación, en un profundo condicionamiento inconsciente: sólo los egos fuertes pueden sobrevivir en la lucha por la vida. La vida se ha convertido sólo en una lucha por sobrevivir. Y los científicos lo han hecho incluso más convincente con la ley del más fuerte. Por eso ayudamos a todos los niños a reforzar el ego, y es ahí donde surge el problema.

A medida que el ego se va haciendo más fuerte, comienza a rodear a la inteligencia como si fuese una espesa capa de oscuridad. La inteligencia es luz, el ego es oscuridad. La inteligencia es muy delicada, el ego es muy duro. La inteligencia es como una rosa, el ego es como una roca. Y si quieres sobrevivir, dicen –los supuestos sabios– que tienes que volverte como una roca, tienes que ser fuerte, invulnerable. Tienes que convertirte en una fortaleza, una fortaleza cerrada, para que no puedas ser atacado desde el exterior. Tienes que hacerte impenetrable.

Pero entonces te cierras. Empiezas a morir en cuanto a tu inteligencia se refiere, porque la inteligencia necesita un cielo abierto, el viento, el aire, el sol para poder crecer, para expandirse, para fluir. Para seguir viva necesita fluir constantemente; si se estanca, se convierte poco a poco en un fenómeno muerto.

No permitimos a los niños que sigan siendo inteligentes. Lo primero es que, si son inteligentes, serán vulnerables, delicados, abiertos. Si son inteligentes serán capaces de ver las muchas falsedades que hay en la sociedad, en el Estado, en la Iglesia, en el sistema educativo. Se convertirán en rebeldes. Serán individuos; no serán fácilmente intimidados. Los puedes aplastar pero no los puedes esclavizar. Los puedes destruir pero no puedes obligarles a ceder. En un sentido, la inteligencia es algo muy suave, como una rosa; en otro, tiene su propia fuerza. Pero esta fuerza es sutil, no es grosera. Esta fuerza es la fuerza de la rebelión, la de una actitud insobornable. Uno no está dispuesto a vender su alma.

Observa a los niños pequeños y entonces no me preguntarás; verás su inteligencia. Sí, no son eruditos. Si pretendes que sean eruditos, es que no piensas que sean inteligentes. Si les haces preguntas que dependen de la información, no te parecerán inteligentes. Pero hazles preguntas reales que no tengan nada que ver con la información, que necesiten una respuesta inmediata, y verás: son más inteligentes que tú. Por supuesto, tu ego no te permitirá aceptarlo, pero si consigues aceptarlo te ayudará muchísimo. Te ayudará a ti, ayudará a tus niños, porque si eres capaz de ver su inteligencia, podrás aprender mucho de ellos.

Aunque la sociedad destruye tu inteligencia, no puede destruirla totalmente; sólo la cubre con muchas capas de información.

Y esta es toda la función de la meditación: llevarte hacia dentro profundamente. Es un método para profundizar en tu propio ser hasta llegar al punto donde se encuentran las aguas vivas de tu inteligencia, hasta que descubras la fuente de tu propia inteligencia. Sólo cuando hayas vuelto a descubrir a tu niño entenderás lo que quiero decir cuando enfatizo una y otra vez acerca de que los niños son realmente inteligentes.

La madre estaba preparando a Pedrito para ir a una fiesta. Cuando acabó de peinarle y colocarle el cuello de la camisa le dijo:

–¡Ahora vete, hijo! Diviértete... ¡y pórtate bien!

–¡Por favor, mamá! –dijo Pedro–. ¡Antes de que me vaya decídete por una de las dos!

¿Entiendes de qué estoy hablando? La madre estaba diciendo: «Diviértete... y pórtate bien.» Pero las dos cosas no pueden suceder a la vez. Y la respuesta del niño tiene un valor inmenso. Dice: «Por favor, antes de que me vaya decídete por una de las dos. Si dejas que me divierta, entonces no puedo comportarme; si quieres que me comporte, entonces no puedo divertirme.» El niño puede ver la contradicción claramente, que podría no ser tan evidente para su madre.

Un transeúnte le preguntó a un niño:
—Hijo, ¿puedes decirme qué hora es?
—Sí, por supuesto —respondió el niño—, pero ¿para qué necesita saberla? ¡Está cambiando todo el rato!

Delante de la escuela colocaron una nueva señal de tráfico. Decía: «Conduzca despacio. ¡No mate un estudiante!»
Al día siguiente apareció, debajo de la señal, una frase garabateada con letra de niño que decía: «¡Espere al profesor!»

El pequeño Pedrito regresa de la escuela con una gran sonrisa dibujada en la cara.
—Bueno, cariño, pareces muy contento. ¿Verdad que te gusta la escuela?
—No seas tonta, mamá —responde el niño—. ¡No se debe confundir el ir con el volver!

Mientras va andando lentamente hacia la escuela, el niño reza:
—Amado Dios, por favor no dejes que llegue tarde a la escuela. Te lo ruego, Dios mío, haz que llegue a tiempo...
En ese mismo momento pisa una piel de plátano y resbala unos metros en el camino. Mientras se levanta, mira irritado hacia el cielo y dice:
—¡Vale, vale, Dios! ¡No hace falta que empujes!

La joven profesora escribió en la pizarra:
—No me he divertío en tol verano.

Entonces preguntó a los niños:

–¿Qué está equivocado en esta frase y qué debo hacer para corregirlo?

Ernestito gritó desde atrás:

–Échate un novio.

Un niño pequeño estaba haciendo un test con un psicólogo:

–¿Qué quieres ser de mayor? –preguntó el psicólogo.

–Quiero ser médico, pintor o ¡limpiacristales! –responde el niño.

Confundido, el psicólogo le preguntó:

–Pero…, no lo tienes demasiado claro, ¿no?

–¿Por qué no? Lo tengo muy claro. ¡Quiero ver mujeres desnudas!

El padre le estaba contando historias a sus hijos en el comedor después de cenar:

–Mi bisabuelo luchó en la guerra contra Rosas, mi tío luchó en la guerra contra el Káiser, mi abuelo luchó en la guerra de España contra los republicanos y mi padre luchó en la segunda guerra mundial contra los alemanes.

A lo que el más pequeño respondió:

–¡Mierda! ¿Qué le pasa a esta familia? ¡No se lleva bien con nadie!

Inocencia

Los niños pequeños son inocentes; pero no se lo han ganado, es natural. En realidad son ignorantes, pero su ignorancia es mejor que la supuesta cultura, porque la persona culta está simplemente ocultando su ignorancia con palabras, teorías, ideologías, filosofías, dogmas y credos. Está tratando de ocultar su ignorancia, pero con sólo rascar un poco no encontrarás en su interior sino oscuridad, no encontrarás sino ignorancia.

Los niños están en mucho mejor situación que las personas cultas porque son capaces de ver. A pesar de ser ignorantes, son espontáneos, tienen atisbos de inmenso valor.

Un niño pequeño, al que le había entrado el hipo, gritó:

—Mamá, ¡estoy tosiendo del revés!

Una madre muy parlanchina llevó a su hijo a la consulta del psiquiatra para que lo examinara. El psiquiatra examinó al pequeño y le sorprendió que no prestara ninguna atención a sus preguntas.

—¿Tienes algún problema oyendo? —le preguntó el psiquiatra.

—No —contestó el niño—. Tengo problemas escuchando.

¿Entiendes lo que está diciendo? Escuchar y oír son dos cosas totalmente diferentes. El niño había dicho: —No tengo problemas oyendo, pero escuchar me cansa. Uno tiene que oír (la cotorra de la madre está ahí), pero tengo problemas escuchando. No puedo prestar atención. —La madre y su manera de cotorrear han destruido algo de gran valor en el niño: su capacidad de atención. Está completamente aburrido.

El profesor de segundo grado envió a la pizarra a los niños para resolver problemas aritméticos.

Uno de los niños dijo:

—Me se ha acabado la tiza.

—Eso no es correcto —respondió el profesor—. El modo correcto es: «Se me ha acabado la tiza, se te ha acabado la tiza, se nos ha acabado la tiza, se les ha acabado la tiza.» ¿Entiendes ahora?

—No —dijo el niño—. ¿Qué ha pasado con toda la tiza?

El reloj acababa de dar las tres de la madrugada cuando la hija adolescente del sacerdote regresó del baile. El sacerdote y su esposa habían estado esperando a la muchacha levantados, y cuando apareció por la puerta éste le dijo con desprecio:

—Buenos días, hija del demonio.

Hablando suavemente, como debería hacerlo cualquier muchacha, ésta respondió:

—Buenos días, padre.

El profesor estaba tratando de enseñar a restar.

—Ahora, Hugo —dijo—, si tu padre ganase 30.000 pesetas a la semana y le descontaran 1.000 pesetas del seguro, 2.000 de la Seguridad Social y 5.000 de impuestos, y entonces le diera a tu madre la mitad, ¿qué tendrá ella?

—¡Un ataque al corazón! —dijo el niño.

La cena había terminado. El padre y su hijo de nueve años estaban en la sala de estar mirando la televisión. La madre y la hija estaban en la cocina lavando los platos sucios de la cena. De repente, el padre y el hijo escucharon un tremendo sonido al romperse algo en la cocina. Esperaron un momento sobresaltados pero no escucharon ni un ruido.

—Ha sido mamá la que ha roto el plato —dijo el niño.

—¿Cómo lo sabes? —preguntó su padre.

—Porque —respondió el hijo— ¡no ha dicho nada!

Desde la cocina llegó el sonido del estruendo de un vaso roto o una porcelana rota.

—¡Guillermito! —gritó su madre desde la sala—. ¿Qué demonios estás haciendo en la cocina?

—Nada —dijo Guillermito—. ¡Ya he terminado!

Un vendedor que había estado trabajando en el área de Nueva Inglaterra iba a ser trasladado a California. El traslado había sido el principal tema de conversación en su casa durante semanas. La noche anterior al gran traslado, su hija de cinco años se puso a rezar sus oraciones y dijo:

—Y ahora, Dios, me tendré que despedir para siempre porque ¡mañana nos vamos a California!

*¿Cómo conseguiste de niño mantener tu propia clari-
dad y no dejarte intimidar por los adultos que te ro-
deaban? ¿De dónde sacaste la valentía necesaria?*

La inocencia es valentía y claridad a la vez. No necesitas tener valentía si eres inocente. Tampoco necesitas claridad porque no hay nada más claro, más transparente, que la inocencia. Por lo tanto, la cuestión consiste en cómo proteger la propia inocencia. La inocencia no es algo que se pueda conseguir. No es algo que tenga que aprenderse. No es algo como un talento: la pintura, la música, la poesía, la escultura. No es como ese tipo de cosas. Es más parecido a respirar, algo con lo que naces.

La inocencia está en la naturaleza de todo el mundo. Todo el mundo nace inocente. ¿Cómo puede uno nacer sin ser inocente? Nacer significa que uno ha entrado en el mundo como una *tabula rasa*, sin nada escrito. Sólo tienes futuro, no tienes pasado. Este es el significado de la inocencia. Por eso trata primero de entender todos los significados de la inocencia.

El primero es: no hay pasado, sólo hay futuro. Llegas al mundo como un observador inocente. Todo el mundo llega de la misma manera, con la misma cualidad de conciencia.

La pregunta es: ¿cómo me las he arreglado para que nadie pudiera corromper mi inocencia, mi claridad?; ¿de dónde saqué el coraje?; ¿cómo conseguí no ser humillado por los adultos y su mundo?

No he hecho nada, o sea que no se trata del cómo. Sencillamente sucedió, de modo que no puedo atribuírmelo.

Quizá esto es algo que le sucede a todo el mundo, pero comienzas a interesarte por otras cosas. Empiezas a negociar con el mundo de los adultos. Tienen muchas cosas que ofrecerte; tú sólo tienes una, y es tu integridad, tu dignidad. No tienes demasiado, sólo una cosa; puedes llamarlo como quieras: inocencia, inteligencia, autenticidad. Sólo tienes eso.

Y el niño está naturalmente muy interesado en todo lo que ve a su alrededor. Continuamente queriendo tener esto, tener aquello; es parte de la naturaleza humana. Si te fijas en un niño pequeño, incluso en un recién nacido, puedes ver que ha empezado a buscar a tientas; sus manos están tratando de encontrar algo. Ha iniciado el viaje.

En el viaje se perderá, porque en este mundo no puedes conseguir nada sin pagar por ello. Y el pobre niño no puede entender que lo que está entregando es tan valioso que, aunque todo el mundo estuviese de un lado y su integridad del otro lado, su integridad seguiría teniendo más peso, más valor. No tiene manera de saberlo. Este es el problema, porque el niño tiene sencillamente lo que tiene. Lo da por hecho.

Me estás preguntando cómo me las arreglé para no perder mi inocencia y mi claridad. No he hecho nada; simplemente, desde el principio... era un niño solitario porque fui criado por mis abuelos maternos; no estaba con mis padres. Estos dos ancianos estaban solos y querían un niño que fuera la alegría de sus últimos días. Por eso mis padres accedieron: yo era el hijo mayor, el primogénito, y me enviaron con aquéllos.

Durante los primeros años de mi infancia no recuerdo haber guardado ninguna relación con la familia de mi padre. Sólo me relacionaba con esos dos hombres –mi abuelo y su criado, que era un hombre muy hermoso– y con mi anciana abuela..., con esas tres personas. Y la distancia era tan grande... que estaba completamente solo. No eran una compañía, no podían hacerme compañía. Se esforzaban todo lo que podían en ser amistosos conmigo, pero era sencillamente imposible.

Me dejaron solo. No les podía contar nada. No tenía a nadie más, porque en ese pueblecito mi familia era la más rica, y era un pueblo tan pequeño –en total no había más de doscientas personas– y tan pobre que mis abuelos no dejaban que me mezclara con los niños del pueblo. Estaban sucios y, por supuesto, eran casi pordioseros. De modo que no había manera de tener amigos. Esto me causó un gran impacto. En toda mi vida nunca he sido amigo nadie, y nadie ha sido amigo mío. Sí..., he tenido conocidos.

En esos primeros años estaba tan solo que comencé a disfrutarlo; y realmente es una alegría. De modo que, para mí, aquel hecho no fue una maldición, sino que demostró ser una bendición. Empecé a disfrutarlo y a sentirme autosuficiente; no dependía de nadie.

Nunca me han interesado los juegos por la sencilla razón de que desde mi infancia no había manera de jugar, no tenía con quien jugar. Todavía me puedo ver en esos primeros años, simplemente sentado.

Nuestra casa se encontraba en un hermoso lugar que teníamos justo enfrente de un lago. A lo lejos, kilómetros y kilómetros de lago..., era tan hermoso y tan silencioso. La paz sólo se alteraba de vez en cuando, al ver una fila de grullas blancas volando o lanzando llamadas de amor; de lo contrario, era exactamente el lugar ideal para la meditación. Y cuando una llamada de amor de un pájaro alteraba la paz..., después de su llamada la paz se ahondaba, se hacía más profunda.

El lago estaba lleno de flores de loto, y me solía sentar durante horas por allí muy a gusto, como si el mundo no tuviera importancia: las flores de loto, las grullas blancas, el silencio...

Y mis abuelos eran muy conscientes de una cosa: que yo disfrutaba de mi soledad. Habían estado observando continuamente que no tenía ningún deseo de ir al pueblo a encontrarme con nadie, o de hablar con alguien. Incluso si querían hablar, mis respuestas eran sí o no; tampoco tenía interés en hablar. Por eso se dieron cuenta de una cosa, que disfrutaba de mi soledad y que era una obligación sagrada el no molestarme.

Sueles decir a los niños:

—Estate en silencio porque tu padre está pensando, o tu abuelo está descansando. Estate quieto, siéntate en silencio.

En mi infancia sucedió lo contrario. En este momento no puedo contestar ni por qué y ni cómo; ocurría. Por eso digo que sencillamente ocurría, no me puedo atribuir el mérito de la situación.

Estas tres personas mayores estaban continuamente haciéndose señas unos a otros:

—No le molestes; lo está pasando muy bien. —Y empezaron a amar mi silencio.

El silencio tiene su vibración; es contagioso, particularmente el silencio de un niño cuando no es impuesto, cuando no se debe a que le estés diciendo: —Te pegaré si molestas o haces ruido. —No, eso no es silencio. Eso no creará la vibración de alegría de la que estoy hablando; cuando un niño está en silencio espontáneamente, disfrutando sin motivo, su alegría no tiene causa; eso crea grandes ondas que se extienden a su alrededor.

En un mundo mejor, cada familia aprenderá de los niños. Tienes mucha prisa en enseñarles. Nadie parece aprender de ellos y tienen mucho para enseñarte. Y tú no tienes nada que enseñarles.

Sólo porque eres mayor y más poderoso empiezas a hacerlos como tú sin ni siquiera ponerte a pensar qué eres tú, hasta dónde has llegado, cuál es el estatus de tu vida interior. Eres un pobre; ¿y deseas lo mismo para tu hijo?

Pero nadie piensa; de otro modo la gente aprendería de los niños pequeños. Los niños traen mucho del otro mundo porque están recién llegados. Todavía llevan consigo el silencio del útero, el silencio de la existencia.

Por eso, fue sólo una coincidencia el que durante siete años permaneciera sin ser molestado, sin nadie que me regañara, que me preparara para el mundo de los negocios, la política, la diplomacia. Mis abuelos, especialmente mi abuela, tenían más interés en dejarme tan natural como fuera posible. Mi abuela es una de las causas —estas pequeñas cosas afectan a todos tus patrones de vida— de mi respeto por las mujeres.

Era una mujer muy sencilla, sin estudios, pero de inmensa sensibilidad. Ella se lo aclaró a mi abuelo y a su criado:

—Todos nosotros hemos vivido un tipo de vida que no nos ha llevado a ningún sitio. Estamos más vacíos que nunca y ahora se acerca la muerte. Dejemos sin influir a este niño —insistió—. ¿Qué influencia podemos ejercer? Sólo podemos hacerle como nosotros, y nosotros no somos nada. Démosle una oportunidad de ser él mismo.

Siento un profundo agradecimiento a esta anciana. Mi abuelo no hacía más que preocuparse, porque antes o después sería el responsable:

—Nos van a decir: «Os dejamos a nuestro hijo y no le habéis enseñado nada.»

Mi abuela ni siquiera permitió que…, porque había en el pueblo un hombre que podría haberme enseñado, al menos, los rudimentos del lenguaje, de las matemáticas, un poco de geografía. Él había estudiado hasta cuarto grado; los cuatro primeros cursos de lo que se llama educación primaria en la India. Pero era la persona más instruida del pueblo.

Mi abuelo insistió con tesón:

—Puede venir a enseñarle. Por lo menos aprenderá el alfabeto y algo de matemáticas, para que cuando vaya a ver a sus padres no nos digan que hemos desperdiciado completamente estos siete años.

Pero mi abuela dijo:

—Después de estos siete años, déjales que hagan lo que quieran. Durante siete años sólo tuvo que mostrar su ser natural y nosotros no interferimos.

Y su argumento era siempre:

—Tú te sabes el alfabeto, ¿y qué? Sabes matemáticas, ¿y qué? Has ganado un poquito de dinero; ¿también quieres que él gane un poquito de dinero y viva como tú?

Eso bastaba para mantener callado al anciano. ¿Qué podía hacer? Estaba metido en un aprieto porque no podía discutir, y sabía que le harían responsable a él, no a ella, porque mi padre iba a preguntarle:

—¿Qué has hecho?

Y efectivamente este habría sido el caso, pero afortunadamente murió antes de que mi padre pudiera preguntárselo.

Pero mi padre estaba repitiendo continuamente:

—Ese viejo es el responsable, él ha malcriado a este niño.

Pero en ese momento yo ya era suficientemente fuerte y se lo dejé bien en claro:

—Delante de mí, nunca digas ni una sola palabra en contra de mi abuelo materno. Él me salvó de que me malcriaras; eso es lo que te da rabia. Pero tienes más hijos; edúcalos a ellos. Y ya me dirás al final quién es el malcriado.

Él tenía otros hijos, y fueron naciendo cada vez más niños. Le solía tomar el pelo:

—Por favor, ten un niño más, completa la docena. ¿Once niños?, la gente pregunta: «¿Cuántos niños? Once no suena bien; una docena causa mejor impresión.»

Y años más tarde le solía decir:

—Tú sigue mimando a todos tus hijos; yo soy salvaje y seguiré siéndolo.

Lo que tú percibes como inocencia no es nada más que salvajismo. Lo que tú crees que es claridad no es más que salvajismo. De algún modo he escapado a las garras de la civilización.

Y una vez que fui suficientemente fuerte... Y por eso es que la gente insiste:

—Hazte cargo del niño tan pronto como puedas, no malgastes el tiempo, porque cuanto antes empieces, más fácil es. Una vez que el niño se hace suficientemente fuerte, entonces será difícil doblegarlo de acuerdo con tus deseos.

Y la vida está dispuesta en círculos de siete años. Una vez que el niño tiene siete años ya es suficientemente fuerte; ya no puedes hacer nada. Ahora sabe dónde ir, qué hacer. Ya es capaz de discutir. Es capaz de ver lo que está bien y lo que está mal. Y esa claridad alcanzará su clímax cuando tenga siete años. Si tú no interfieres en sus primeros años, a los siete años lo tendrá todo tan claro que vivirá toda su vida sin ningún arrepentimiento.

Yo he vivido sin ningún arrepentimiento. He intentado averiguar: ¿he hecho alguna vez algo equivocado? No se trata de que la gente piense que todo lo que yo he hecho está bien, no es ése el asunto: nunca he pensado que nada de lo que he hecho estuviese mal. El mundo entero podría pensar que estaba mal, pero yo tengo la absoluta certeza de que estaba bien; hice lo que correspondía.

Embarazo, nacimiento, infancia

Si los iluminados no tienen hijos, y los neuróticos no son aptos para la paternidad, ¿cuál es el momento adecuado?

LOS ILUMINADOS no tienen hijos; los neuróticos no deberían tenerlos. Justamente entre los dos existe un estado de salud mental, de no neurosis: no eres ni neurótico ni iluminado, sencillamente sano. Justo en el medio. Ese es el momento adecuado para la paternidad, para ser madre o ser padre.

Este es el problema: la gente neurótica tiende a tener muchos hijos. La persona neurótica tiende, en su neurosis, a crear a su alrededor un espacio muy ocupado. No deberían hacerlo porque eso es ocultar aquélla. Deberían encarar la realidad de su neurosis y trascenderla.

Un iluminado no necesita tener hijos. Él se ha dado el nacimiento supremo a sí mismo. No tiene necesidad de dar nacimiento a nadie más. Se ha convertido en padre y madre de sí mismo. Se ha convertido en un útero para sí mismo y ha renacido.

Pero entre los dos extremos, cuando no hay neurosis meditas, te vuelves un poco más alerta, más consciente. Tu vida no es sólo oscuridad. La luz no es tan penetrante como cuando uno se ha convertido en un buda, pero hay una llama tenue. Ese es el momento correcto para tener hijos, porque entonces serás capaz de dar algo de tu consciencia a tus hijos. Si no, ¿qué regalo les vas a hacer? Les darás tu neurosis.

He oído contar: un hombre que tenía dieciocho hijos se los llevó a una feria de ganado. En la exhibición había un toro campeón valorado en un millón y medio de pesetas y para entrar a verlo había que pagar un extra de diez pesetas. El hombre pensó que el precio era exorbitante, pero sus hijos querían ver el animal, de modo que se aproximaron hasta las vallas del recinto. El encargado dijo:

–¿Todos estos niños son suyos, señor?

–Sí, lo son –respondió el hombre–. ¿Por qué?

El encargado exclamó:

–Bueno, ¡espere aquí un minuto y sacaré al toro para que le pueda ver!

¡Dieciocho hijos! Hasta el toro se pondría celoso.

Tú sigues reproduciendo inconscientemente tus propias réplicas. Piensa primero: ¿estás en un estado tal que si das nacimiento a un niño estarás haciéndole un regalo al mundo?; ¿eres una bendición para el mundo, o una carga? Y después piensa: ¿estás preparado para hacer de madre o de padre de un niño?; ¿estás preparado para dar amor incondicionalmente? Porque los niños vienen a través de ti, pero no te pertenecen. Les puedes dar amor pero no deberías imponerles tus ideas. No deberías darles tus estilos neuróticos. ¿Permitirás que florezcan espontáneamente? ¿Les darás la libertad suficiente para ser ellos mismos? Si estás listo, entonces está bien. De otro modo, espera; prepárate.

Con el hombre, la evolución consciente ha hecho aparición en el mundo. No seas como los animales, que se reproducen inconscientemente. Prepárate antes de querer tener un hijo. Hazte más meditativo, vuélvete más aquietado y pacífico. Libérate de todas las neurosis que tienes en tu interior. Espera el momento en el que estés absolutamente limpio, entonces ten un hijo. Entonces dale tu vida a tu hijo, dale tu amor. Estarás ayudando a crear un mundo mejor.

Estoy embarazada. He decidido abortar y creía que es-
taba contenta con la decisión, pero desde entonces
siempre que pienso en ello me siento triste

Esta será una tristeza momentánea. Si quieres ser madre es que quieres meterte en problemas más graves, porque una vez que tengas el niño no será un asunto que se pueda resolver fácilmente.

La madre no puede tener su propio crecimiento, no puede trabajar; tiene que cuidar a los niños. Y entonces aparecen las complicaciones.

Una vez que hayas terminado tu propio trabajo de crecimiento, entonces todo está perfectamente bien. Un niño debería ser un pasatiempo, debería ser el lujo más elevado. Entonces te puedes permitir el lujo de ser madre, de lo contrario te creará problemas. O sea que tú decides. Nadie te está obligando, es una decisión tuya: si quieres convertirte en madre, entonces quieres convertirte en madre. Pero asume también las consecuencias.

La gente no es consciente de lo que está haciendo cuando quiere traer un niño al mundo. Si no, sentirían pena por esto, en vez de sentir pena por un aborto. Simplemente piensa en ambas posibilidades: ¿qué le vas a dar al niño?; ¿qué es lo que tienes para darle al niño? Le transmitirás todas tus tensiones a su ser y él repetirá el mismo tipo de vida que tú. Irá al psicoanalista, irá al psiquiatra y toda su vida será un problema, como le ocurre a todo el mundo. ¿Qué derecho tienes de traer un espíritu a este mundo cuando no puedes dar a la persona un ser saludable y completo? ¡Es un crimen! Las personas piensan justo lo contrario: piensan que el aborto es un crimen. Pero el niño encontrará otra madre, porque nada muere. Y hay muchas, muchas mujeres que estarán felices de tener un hijo; sólo que tú no serás la responsable.

No te estoy diciendo que no seas madre; te estoy diciendo que seas consciente de que ser madre es un gran arte, es un gran logro. Primero crea en ti esa cualidad, esa creatividad, esa alegría, esa celebración, y entonces invita al niño. Entonces tendrás algo que darle al niño –tu celebración, tu canción, tu danza– y no crearás un ser patológico. El mundo está demasiado lleno de seres patológicos. ¡Deja que sufra algún otro planeta! ¿Por qué esta Tierra? El mundo está famélico, la gente se está muriendo de hambre y no hay comida, toda la ecología está alterada y la vida está haciéndose más fea e infernal; este no es el momento correcto.

Y aunque pienses que está bien, que el mundo sabe ocuparse de sí mismo, que se las arreglarán, sigues teniendo que pensar en tu hijo. ¿Estás preparada para ser madre? Ese es el asunto. Si piensas que estás preparada, adelante: ten un hijo. Cuando estés preparada, estarás feliz de tener un hijo, y el niño estará feliz de lo afortunado que ha sido al tener una madre como tú. Si no es así, vete a cualquier psiquiatra y pregúntale: «¿Cuáles son los problemas de la gente?» Pueden resumirse en una sola cosa: la madre; porque fue incapaz de crear un útero psicológico, de crear un útero espiritual. Psicológicamente era una neurótica, espiritualmente estaba vacía, por eso no había alimento espiritual para el niño, ni nutrición. El niño llega al mundo como un ser físico, sin alma, sin un centro. La madre no estaba centrada; ¿cómo puede el niño estar centrado? El niño es sólo la continuación, una continuidad del ser de la madre.

Si uno ve todas las implicaciones de esto, habrá menos gentes que decidan convertirse en padres. Si menos gentes decidieran ser padres, habría un mundo mejor. Estaría menos poblado, menos neurótico, menos patológico, menos loco.

Todavía no tenemos ningún hijo y me apetece, en parte, tener uno. Ahora tengo treinta y dos años y me siento preparada, pero me gustaría escuchar tu consejo

Sólo una cosa. Cuando hagas el amor, hazlo siempre después de meditar. Ten como criterio el meditar, y sólo cuando la energía sea muy meditativa, sólo entonces, haz el amor. Cuando estás en un estado profundo de meditación y la energía está fluyendo, concibes un espíritu de una cualidad más elevada. El tipo de espíritu que entra en ti depende de dónde estés.

Esto sucede casi siempre: las personas hacen el amor cuando se sienten sexuales. La sexualidad es un centro inferior. Sucede a veces que, cuando la gente está enfadada y peleando, hace el amor. Eso también es muy bajo. Le abres tu puerta a un espíritu mucho menos elevado. O la gente hace el amor como una rutina, como un hábito mecánico, algo que tiene que hacerse todos los días, o dos veces a la semana, o lo que sea. Lo hacen de un modo rutinario o como parte de una higiene física, pero entonces es muy mecánico. No pones en ello nada de tu corazón y, entonces, permites que entren espíritus muy inferiores. El amor debería ser como una oración. El amor es sagrado. Es lo más sagrado que existe en el hombre.

Por eso lo primero es prepararse uno mismo para adentrarse en el amor. Reza, medita, y cuando estés lleno de una energía diferente, que no tiene nada que ver con lo físico, de hecho nada que ver con lo sexual, entonces te haces vulnerable a un espíritu superior. Y por eso depende mucho de la madre.

Si no eres muy consciente de esto, te enredarás con un espíritu vulgar. La gente casi no es consciente de lo que está haciendo. Incluso cuando vas a comprar un coche te lo piensas mucho. Cuando vas a comprar los muebles de tu habitación, tienes mil y una alternativas, le das muchas vueltas, cuál de ellos encajará. Pero cuando se trata de los hijos, nunca piensas qué tipo de hijo te gustaría, qué tipo de espíritu vas a invocar, a invitar.

Y hay millones de alternativas... desde Judas a Jesús, desde el espíritu más oscuro al más sagrado. Las alternativas son millones y tu actitud decidirá. Según cuál sea tu actitud, te harás disponible para ese tipo de espíritu.

Creo que estoy embarazada. ¿Existe alguna meditación o se puede hacer algo que sea beneficioso para el bebé o para nosotros?

Simplemente, sé tan feliz y tan amorosa como puedas. Evita las negatividades; eso es lo que destruye la mente del niño. Cuando el niño está formándose no sólo sigue tu cuerpo, también sigue tu mente, porque ésas son las improntas. Por eso, si eres negativo, la negatividad comienza a formar parte de la composición del niño desde el principio. Luego, el camino para librarse de ello es largo y duro. Si las madres fueran un poquito más cuidadosas no sería necesaria la terapia del grito esencial*. Si las madres fueran un poquito más cuidadosas, desaparecería el psicoanálisis como profesión.

El psicoanálisis es un gran negocio a causa de las madres. La madre tiene realmente una gran importancia, porque durante nueve meses el niño vivirá en el clima de la madre; embeberá su mente, toda su mente.

Por eso, no seas negativa. Ten cada vez más una actitud afirmativa, aunque a veces esto parezca difícil. Pero, por el niño, hay que hacer al menos este sacrificio. Si realmente quieres tener un hijo que valga algo, con integridad, con individualidad y feliz, entonces tienes que hacer ese sacrificio. Eso es parte de ser madre: ese sacrificio. Por eso, no seas negativa; evita todas las negatividades. Evita la rabia, evita los celos, evita la posesión, quejarte, luchar, evita todos esos espacios. No te los puedes permitir, ¡estás creando un nuevo ser! Este trabajo tiene tanta importancia que no puedes ser ni tonta ni estúpida.

Disfruta cada vez más, reza, baila, canta, escucha buena música; no la música pop. Escucha música clásica, que es tranquilizante y que va al inconsciente profundamente, porque el niño sólo la puede oír desde allí.

Siéntate en silencio todo lo que puedas, disfruta de la naturaleza. Estate junto a los árboles, los pájaros, los animales, porque son realmente inocentes. Todavía son parte del jardín del Edén, de aquí sólo han sido expulsados Adán y Eva. Incluso el árbol del conocimiento está todavía en el jardín del Edén; sólo Adán ha sido expulsado. Por eso ve más a la naturaleza y relájate, para que el niño crezca en un útero relajado, no tenso; de lo contrario, el niño comenzará a ser neurótico desde el principio.

---

* Terapia que hace su hincapié en liberar los traumas producidos en los primeros años de la infancia. *(N. del T.)*

(Al padre:) Y ayúdala durante estos días de modo que pueda ser más positiva. No le provoques hacia la negatividad. Dale cada vez más tiempo para que pueda sentarse en silencio, estar con los árboles, escuchar los pájaros, escuchar música. Evita cualquier situación que tú creas que puede convertirse en una provocación para que ella se ponga negativa. Sé más amoroso, disfruta del silencio del otro, porque los dos vais a dar nacimiento a algo que es divino. Todos los niños son divinos, y cuando algo grande va a suceder, cuando un gran huésped va a venir a tu casa, tú no luchas. Y éste podría ser el huésped más importante que jamás venga a verte; por eso, durante estos nueve meses sed cuidadosos, precavidos, vigilantes.

Sed más amorosos y menos sexuales. Si el sexo surge a partir de ser amorosos, de acuerdo, pero no sexo por sí mismo. Desde el principio, esto le da al niño una sexualidad profundamente enraizada. El sexo está bien en un contexto amoroso, como parte del amor, del mismo modo que uno se coge de las manos y se abraza, como parte del amor. Un día haces el amor pero como parte del amor. Entonces no es sexualidad; es sólo comunión.

Si durante estos nueve meses puedes evitar el sexo por el sexo, esto será un gran regalo para el niño. Entonces su vida no estará obsesionada con el sexo como lo están las vidas de las personas.

¿Hay algo que pueda hacer la madre para que el proceso del nacimiento sea más fácil para el niño?

Sin duda la madre puede hacer mucho, pero sólo lo puede hacer no haciendo. Por eso, simplemente relájate. Sólo hay que acordarse de no interferir, y cuando empieces a sentir dolor, sencillamente acompáñalo. Cuando empiezas a sentir los movimientos en el vientre, el cuerpo empieza a prepararse para el nacimiento y hay una pulsación rítmica en tu interior... La gente piensa que esa pulsación es dolorosa; no es dolorosa; es nuestra interpretación equivocada lo que la hace dolorosa.

Por eso, cuando aparezcan las contracciones, simplemente acéptalas, flota con ellas. Es como inspirar y espirar, de igual modo el vientre y el canal de nacimiento empiezan a expandirse y a encogerse. Esto es sólo una manera de crear un conducto para el niño. Cuando sientes ese dolor, cuando decides que es dolor, empiezas a luchar en su contra porque es muy difícil no luchar contra el dolor. Cuando empiezas a luchar, empiezas a interferir con el ritmo. Esta interferencia es muy destructiva para el niño. Si la madre simplemente ayuda al niño, si todo lo que le pasa a la madre acompaña al cuerpo —se expande con el cuerpo, se encoge con el cuerpo, permite las contracciones y las disfruta—, es realmente un gran placer. Pero depende de cómo te lo tomes.

Por ejemplo, ahora, al menos en Occidente, la gente tiene ideas más avanzadas sobre el sexo. De otro modo, en el pasado, a través de los siglos, la primera experiencia sexual era muy dolorosa para la mujer. Ella estaba temblando porque desde su infancia le enseñaron que era repugnante, muy animal, por eso estaba temblando de miedo. Cuando la luna de miel se acercaba, la mujer se echaba a temblar. Ella tenía que ir a través de la prueba, era una prueba, y por supuesto dolorosa. Pero ahora, al menos en Occidente, el dolor ha desaparecido. Es una hermosa experiencia, es orgásmica.

Lo mismo pasa con el nacimiento. Es un orgasmo más grande que el sexual, porque en el orgasmo sexual tu cuerpo sigue un ritmo: se expande, se encoge, se expande, se encoge, pero no tiene ni punto de comparación como cuando vas a dar a luz. Dar a luz a un niño es un orgasmo un millón de veces más grande. Si te lo tomas como un orgasmo —feliz, dichosa, disfrutándolo, eso es todo—, entonces el niño sale del pasaje ayudado por ti. De lo contrario, si la madre está luchando —el niño quiere salir y la madre está luchando— y no está permitiendo el movimiento que es necesario, el movimiento preciso... Algunas veces el niño se atasca, su cabeza se atasca. Si esto sucede, el niño lo padecerá toda su vida. No será tan inteligente como podría haberlo sido, porque su cabeza es muy delicada y el cerebro todavía se está desarrollando. Un pequeño shock, una pequeña obstrucción bastan para que su cerebro ya no sea tan saludable como podría haberlo sido.

Por lo tanto, colabora, disfrútalo. Tómatelo como si estuvieras experimentando un gran orgasmo, eso es todo. La mayor ayuda que le puedes prestar al niño es no interferir. Entonces el niño saldrá fácilmente, relajado, en un dejarse ir. No necesitará terapia del grito esencial; de lo contrario, todo el mundo necesitaría esta terapia porque todo el mundo sufre el trauma del nacimiento. Y ha sido muy doloroso para el niño. Sólo es su primera experiencia, y es tan desagradable, tan sofocante que casi mata al niño: el conducto es estrecho, la madre está tensa y el niño no puede salir del conducto.

Esta es su primera experiencia. Por lo tanto, su primera experiencia es infernal y luego toda su vida es desdichada. Deja que esa primera experiencia sea un hermoso fluir y constituya una base para el niño.

¿Cómo se puede conseguir que el nacimiento de un niño sea lo más agradable posible?

Cuando el niño sale del vientre, es la mayor conmoción de su vida. Ni siquiera la muerte será una conmoción tan grande, porque la muerte llega sin avisar. La muerte le llegará muy probablemente cuando esté inconsciente. Pero mientras está saliendo del vientre de la madre está consciente. Su largo y hermoso sueño de nueve meses se ve interrumpido y entonces le cortas el cordón que le une a la madre.

En el momento en que cortas el cordón que le une a la madre has creado un individuo lleno de miedo.

Esto no es lo adecuado; pero así es como se ha hecho hasta ahora.

Hay que separar al niño de su madre más despacio, más gradualmente. No se debería producir esa conmoción, y eso se puede arreglar. Es posible hallar una solución científica.

En la habitación no debería de haber luces deslumbrantes, porque el niño ha vivido durante nueve meses en una oscuridad absoluta y sus ojos que nunca han visto la luz, son muy delicados. Y en todos los hospitales hay luces deslumbrantes, tubos fluorescentes, y el niño es expuesto a la luz súbitamente... Casi todo el mundo tiene los ojos delicados por culpa de esto; más adelante tendrán que usar gafas. Ningún animal las necesita. ¿Has visto a algún animal con gafas leyendo el periódico? Sus ojos están perfectamente sanos durante toda su vida, hasta el momento de su muerte. Es sólo el hombre... Y esto ocurre desde el principio. No, el niño debe nacer en la oscuridad o con una luz muy suave, quizá de velas. La oscuridad sería lo mejor, pero si se necesita un poco de luz, las velas servirán. ¿Y qué han estado haciendo los médicos hasta ahora? No le dan tiempo al niño para que se adapte a la nueva realidad. La manera en que reciben al niño es desagradable. Levantan al niño por los pies y le dan una palmada en las nalgas. Detrás de este estúpido ritual se esconde la idea de que esto ayudará a respirar al niño porque en el vientre de la madre no estaba respirando por sí mismo; la madre respiraba por él, comía por él, hacía todo por él.

No es un buen comienzo que para darte la bienvenida te cuelguen boca abajo y te den una palmada en las nalgas.

Pero el médico tiene prisa. Si no fuera así, el niño empezaría a respirar por su cuenta; habría que dejarlo sobre el vientre de la madre, encima del vientre. Antes de cortar el cordón umbilical se le debería dejar encima del vientre. Estaba dentro del seno materno, en el interior; ahora está afuera. No es un cambio demasiado grande. La madre está ahí, la puede tocar, la puede sentir. Conoce su vibración. Es perfectamente consciente de que ésta es su casa. Ha salido fuera pero ésta es su casa. Dejadle estar un poco más con su madre para que se familiarice con ella por fuera; ya la conoce por adentro.

Y no cortes el cordón que le une hasta que empiece a respirar él solo.

¿Qué se hace actualmente? Cortamos el cordón y le damos una palmada para que así tenga que respirar. Pero esto es obligarle, esto es violento, no es científico en absoluto y es antinatural.

Déjale que respire por su cuenta. Sólo le llevará unos minutos. No tengas tanta prisa. Se trata de la vida entera de un hombre. Puedes fumarte tu cigarrillo dos o tres minutos más tarde, le puedes susurrar dulces tonterías a tu novia unos minutos más tarde. No le va a hacer daño a nadie. ¿Cuál es la prisa? ¿No puedes concederle tres minutos? Un niño no necesita más que eso. Si se le deja solo, en tres minutos empieza a respirar. Cuando comienza a respirar, adquiere la confianza de que puede vivir por su cuenta. Ya puedes cortar el cordón, no sirve de nada; no le producirá ninguna conmoción al niño.

Después, lo más importante es que no le tapes con mantas en la cama. No, durante nueve meses estuvo sin mantas, desnudo, sin almohadas, sin sábanas, sin cama. No hagas un cambio tan rápido. Lo que necesita es una pequeña bañera con la misma solución de agua que la que había en el vientre de su madre, exactamente agua de mar: la misma cantidad de sal, la misma proporción de compuestos químicos, exactamente la misma.

Esto vuelve a ser una prueba de que la vida debió aparecer primero en el océano. Todavía sucede en el agua oceánica. Por eso cuando una mujer está embarazada comienza a comer cosas saladas, porque el vientre va absorbiendo sal; el niño necesita exactamente la misma agua salada que existe en el océano. Si preparas la misma agua en una bañera pequeña, y colocas dentro al niño, se sentirá perfectamente recibido. Esta es la situación con la que está familiarizado.

En Japón, un monje zen ha llevado a cabo un experimento estupendo: ayudar a un niño de tres meses a nadar. Poco a poco ha ido rebajando la edad. Primero lo intentó con un niño de nueve meses, después con un niño de seis meses, ahora con un niño de tres meses. Y yo digo que todavía está lejos. Hasta los recién nacidos son capaces de nadar, porque han estado nadando en el vientre de su madre.

Por eso, dale al niño una oportunidad que sea similar a la del vientre de su madre.

Alimentando y queriendo al niño

Cuando una madre está alimentando a su hijo, no está dándole solamente leche, como siempre se había pensado. Ahora los biólogos se han encontrado con un hecho más profundo, dicen que ella lo está alimentando de energía; la leche es sólo la parte física. Y han llevado a cabo muchos experimentos: se cría un niño, se le da de comer lo mejor posible, todo lo que la ciencia médica haya descubierto. Se le da de todo, pero no se le ama, no se le acaricia; la madre no le toca. La leche se le suministra a través de aparatos mecánicos, se le ponen inyecciones, se le dan vitaminas, todo es perfecto. Pero el niño deja de crecer, comienza a encogerse y la vida empieza a alejarse de él. ¿Qué está sucediendo? Porque se le está dando todo lo que la madre le estaba dando.

En Alemania, durante la guerra, muchos niños pequeños huérfanos fueron colocados en hospitales. A las pocas semanas casi todos se estaban muriendo. La mitad murió aunque se les había proporcionado todo tipo de cuidados; a nivel científico los médicos estaban actuando de la forma correcta, se había hecho todo lo que era necesario. Pero ¿por qué estaban muriéndose los niños? Entonces un psicoanalista se dio cuenta de que necesitaban algo de calor humano, alguien que los abrazara, alguien que les hiciera sentirse importantes. La comida no es un alimento suficiente. Se necesita algo de alimento interno, algo de comida invisible. De modo que el psicoanalista dispuso que cualquiera que entrase en la habitación –enfermera, médico o auxiliar– tenía que pasar por lo menos cinco minutos en la habitación abrazando a los niños y jugando con ellos. Y de repente dejaron de morirse, comenzaron a crecer. Desde entonces se han llevado a cabo muchos experimentos.

Cuando una madre abraza a su hijo, la energía está fluyendo. Esa energía es invisible, la llamamos amor, calor. Algo se transmite de la madre al hijo y no sólo de la madre al hijo, del hijo a la madre también. Por eso una mujer nunca está tan hermosa como cuando se convierte en madre. Antes, falta algo, no está completa, el círculo está roto. Siempre que una mujer se convierte en madre, el círculo se completa. Le llena una gracia de origen desconocido. Por eso no sólo está alimentando al niño, el niño también está alimentando a la madre. Están felizmente el uno «dentro» del otro.

Y ninguna otra relación es tan cercana. Ni los amantes están tan cerca, porque el niño viene de la madre, de su misma sangre, su carne y sus huesos; el niño es sólo una extensión de su ser. Nunca más volverá a suceder esto, porque nadie puede ser tan cercano. Un amante puede estar cerca de tu corazón, pero el niño ha vivido dentro de tu corazón. Durante nueve meses ha sido parte de la madre, unidos orgánicamente, siendo uno. La vida de la madre era su vida, la muerte de la madre hubiera sido su muerte. Esto continúa incluso más adelante: existe una transmisión de energía, una comunicación de energía.

El niño asocia desde el principio las ideas de comida y amor. Se convierten en dos caras de la misma moneda. Su objeto de amor y su objeto alimenticio es el mismo. No sólo la madre, sino el pecho en particular: el niño consigue del pecho el alimento, el calor y la sensación de amor.

Hay una diferencia: cuando la madre ama al niño, el pecho tiene una sensación y una vibración diferentes. La madre disfruta dando de mamar al niño; está estimulando la sexualidad de la madre. Si la madre quiere de verdad al niño, entonces siente una alegría casi orgásmica. Sus pechos son muy sensitivos; son las zonas más eróticas de su cuerpo. Ella empieza a brillar y el niño puede sentirlo. El niño percibe el hecho de que la madre está disfrutando. Ella no está sólo alimentándole, lo está disfrutando.

Pero cuando la madre le da el pecho sólo por necesidad, entonces el pecho está frío; no tiene calor. La madre no está a gusto, tiene prisa. Quiere quitarle el pecho cuanto antes. Y el niño lo siente. Es muy evidente que la madre está fría, que no es amorosa, no es cálida. No es una madre de verdad. El niño parece no deseado, se siente no deseado.

El niño sólo se siente querido cuando la madre disfruta alimentándole de su pecho, cuando esto se convierte casi en una relación amorosa, en una relación orgásmica. Sólo entonces el niño siente el amor de la madre, se siente necesitado por la madre. Y que la madre le necesite es como decir que la existencia le necesita porque su madre es toda su existencia; él conoce la existencia a través de su madre. Todas sus ideas acerca de su madre serán sus ideas acerca del mundo.

Un niño que no ha sido amado por su madre se encontrará alienado en la existencia; se sentirá marginado, como un extraño. No será capaz de confiar en la existencia. Ni siquiera pudo confiar en su propia madre, ¿cómo va a confiar en nadie más? La confianza se hace imposible. Duda, sospecha; está continuamente en guardia, con miedo, asustado. Encuentra enemigos por todos lados, competidores. Constantemente tiene miedo de ser aplastado y destruido. No le parece que el mundo sea su casa en absoluto.

Si la madre está feliz y disfruta alimentando al niño, entonces el niño nunca come demasiado porque confía; sabe que la madre está ahí. Siempre que tenga hambre sus necesidades serán satisfechas. Nunca come demasiado.

Un niño bien amado permanece sano. No es ni gordo ni delgado; mantiene un equilibrio.

Fíjate en un niño pequeño. Siempre que esté tenso se meterá la mano en la boca y empezará a chupársela. ¿Y por qué se siente bien cuando tiene el pulgar en la boca? ¿Por qué se siente bien y se echa a dormir? Así es como lo hacen casi todos los niños. En cuanto sienten que no se duermen, se meten el pulgar en la boca, se sienten a gusto y se duermen.

¿Por qué? El dedo gordo se convierte en un sustituto de los pechos de la madre y el alimento te relaja. No puedes dormirte con el estómago vacío, es difícil conciliar el sueño. Cuando el estómago está lleno, te sientes adormecido, el cuerpo necesita descanso. El dedo gordo es sólo un sustituto del pecho; no está dando leche, es algo falso, pero aún te produce la misma sensación.

Cuando este niño crece, pensarás que es tonto si se sigue chupando el dedo en público, por eso enciende un cigarrillo. Un cigarrillo no es una tontería, está bien visto. Es como el pulgar pero más dañino. Es mejor si te fumas el pulgar, sigue fumándotelo hasta la tumba; no es perjudicial, es mejor.

Y en los países donde han dejado de dar el pecho a los niños, automáticamente la gente fuma más. Por eso en Occidente se fuma más que en Oriente; ninguna madre está dispuesta a darle de mamar a su hijo porque se le deforma el pecho. Por eso en Occidente está aumentando el número de fumadores más que nunca; hasta los niños pequeños están fumando. Los niños pequeños fuman y las madres no son conscientes de que esto se debe a que les han quitado el pecho.

En todas las comunidades primitivas, los niños de siete, ocho o incluso nueve años seguirán mamando. Entonces algo queda satisfecho y no tendrán tanta necesidad de fumar. Por eso los hombres, en las comunidades primitivas, no están tan interesados en los pechos de las mujeres; no existe el problema de que alguien las ataque. Nadie les mira los pechos.

Si te han estado amamantando durante diez años seguidos, estarás harto y aburrido, dirás:

–¡Basta ya!

Pero a todos los niños se les ha retirado el pecho prematuramente y eso constituye una herida. Por eso todos los países civilizados están obsesionados con los pechos. A los niños habrá que darles el pecho; si no, se volverán adictos y se pasarán la vida entera buscándolos.

Los científicos han experimentado con niños para ver qué harán si se les deja la comida a su alcance. Pensarás que comerán demasiado. Te equivocas, no comen demasiado. Su padre y su madre los sobrealimentan diciéndoles:

–Come más. Come, ponte un poco más robusto. Muestra un poco de lustre, ¿te has visto? Come un poco más.

Tiene a su madre sentada encima de su pecho diciéndole come más, sólo un poco más. El niño está llorando y, como puede, se las arregla para comer. A menudo ves niños llorando. Su cuerpo está diciendo no. Su cuerpo está diciendo sal fuera, pega unos cuantos saltos, súbete a un árbol. Y tú sigues alimentándolo. El médico dice que

el niño necesita tomar leche cada tres horas. El niño no quiere be-
ber y gira la cabeza de un lado a otro. Pero la madre sigue alimentándolo porque han pasado las tres horas. Esto de seguir un tiempo
regular no funciona. Cuando el niño tiene hambre llorará, él mismo
te lo hace saber. No hace falta mirar el reloj. El niño tiene su propio
reloj interno. Pero tú sigues alterando su reloj. Cada niño sentirá
hambre de una manera distinta. Uno tendrá hambre cada cuatro horas, otro cada tres, otro cada dos. Esto es un gran problema, porque
se ha establecido una norma: la norma de la mayoría.

Cuidado con las normas de la mayoría. El cuerpo tiene su propio reloj interno.

Escucha al cuerpo. Hazle caso. No intentes dominarlo de ninguna manera. El cuerpo son tus cimientos. Una vez que has empezado a entenderlo, el 99 por 100 de tus desdichas desaparecerán.
Pero tú no escuchas.

Desde la más temprana infancia nuestra atención ha sido apartada del cuerpo, hemos sido alejados de él. El niño está llorando,
tiene hambre y la madre está mirando el reloj. No está mirando al
niño. Si al niño no le das de comer en este momento, le estás dis-
trayendo de su cuerpo. En vez de darle de comer le das un chupete. Le estás haciendo trampas y le estás engañando. Le estás dando
algo falso, de plástico, y estás tratando de distraer y destruir la sensibilidad de su cuerpo. No se permite a la sabiduría de su cuerpo
que dé su opinión, la mente irrumpe.

El niño se calma con el chupete, se duerme. En este momento
el reloj te dice que han pasado tres horas y que tienes que darle la
leche al niño. Ahora está profundamente dormido, su cuerpo está
durmiendo; le despiertas. Otra vez estás destruyendo su ritmo.
Poco a poco alteras todo su ser. Y llega un momento en el que pierde toda conexión con su cuerpo. No sabe qué quiere su cuerpo. No
sabe si su cuerpo quiere comer o no comer; no sabe si su cuerpo
quiere hacer el amor o no. Todo está manipulado por algo del exterior.

Dejando llorar al niño

Desde el principio el niño quiere llorar y reír. Llorar es para él una profunda necesidad. Todos los días tiene una catarsis a través del llanto.

El niño tiene muchas frustraciones. Es inevitable; es por necesidad. El niño quiere algo, pero no puede decir qué, no puede expresarlo. El niño quiere algo, pero quizá los padres no estén en situación de poder dárselo. Puede que la madre no esté disponible. Quizá ella esté ocupada haciendo otra cosa y él esté desatendido. En ese momento no se le presta atención, por eso se echa a llorar. La madre quiere convencerle, consolarle, porque le molesta, el padre está molesto, toda la familia está alterada. Nadie quiere que llore, el llanto es una molestia; todo el mundo trata de distraerle para que se calle. Podemos sobornarle. La madre le dará un muñeco, le dará leche –cualquier cosa para distraerle o para consolarle–, pero no debe llorar.

Llorar es una necesidad profunda. Si puede llorar y se le permite, el niño quedará como nuevo; la frustración es expulsada a través de las lágrimas. De lo contrario, si contiene el llanto, contendrá la frustración. Entonces se ira acumulando, y tú eres «un montón» de lágrimas. Ahora, los psicólogos dicen que necesitas el grito esencial. En Occidente se está desarrollando una terapia sólo para ayudarte a gritar, con tal totalidad que todas las células de tu cuerpo se impliquen. Si logras gritar tan enloquecidamente que todo tu cuerpo esté gritando, te liberarás de mucho dolor, de mucho sufrimiento que está acumulado.

Aprendiendo a hacer sus necesidades

Cuando se les enseña a los niños a hacer sus necesidades se les produce un gran trauma. A los niños se les obliga a hacer sus necesidades a una hora determinada. Ahora bien, los niños no pueden controlar el movimiento de sus intestinos; les lleva un tiempo, les lleva años el poder controlarlo. Entonces, ¿qué hacen? Se fuerzan, cierran su mecanismo anal y debido a esto adquieren una fijación anal.

A esto se debe el que haya tantos casos de estreñimiento en el mundo. Sólo el hombre sufre de estreñimiento. Los animales no sufren de estreñimiento; en estado salvaje ningún animal está estreñido. El estreñimiento es más psicológico; es un daño producido en el *muladhara* *. Y por culpa del estreñimiento muchas otras cosas aparecen en la mente humana.

El hombre se convierte en un acaparador –acapara conocimiento, acapara dinero, acapara virtud–, se vuelve un acaparador y un tacaño. ¡No puede deshacerse de nada! Se apodera de todo lo que agarra. Y con este énfasis anal se produce un gran daño en el muladar, porque el hombre o la mujer tienen que llegar a la fase genital. Si se quedan fijados en la fase oral o en la anal, nunca llegan a la fase genital.

La fijación anal se vuelve tan importante que la genital pierde importancia. Por eso hay tanta homosexualidad. La homosexualidad no desaparecerá del mundo hasta que, o a menos que, desaparezca la orientación anal. El aprender a hacer sus necesidades es una lección muy importante y peligrosa.

Cuando el niño se pone enfermo

Desde el principio, desde la primera infancia, hay una cosa que casi siempre está mal, y es que al niño se le presta más atención cuando se pone enfermo. Esto crea una asociación equivocada: la madre le quiere más, el padre se ocupa más de él; toda la familia lo coloca en el centro, él se convierte en la persona más importante. Si no, a nadie le preocupa el niño; si está sano y bien,

---

* Nombre hindú para el primer chakra o chakra raíz. *(N. del T.)*

es como si no estuviera. Cuando está enfermo se convierte en un dictador, impone sus condiciones. Una vez que ha aprendido el truco –que cada vez que estás enfermo te vuelves de alguna manera especial–, todo el mundo te tiene que prestar atención porque si no lo hacen, les harás sentirse culpables. Y no te pueden decir nada, porque nadie te puede hacer responsable de tu enfermedad.

Si el niño está haciendo algo malo le puedes decir: «Eres responsable.» Pero si está enfermo, no puedes decirle nada, porque la enfermedad no tiene nada que ver con él. ¿Qué le va a hacer? Pero tú no conoces los hechos: el 90 por 100 de las enfermedades nos las creamos nosotros mismos, las generas tú mismo para llamar la atención, para conseguir cariño e importancia. Un niño se aprende este truco rápidamente, porque el problema básico del niño es que es impotente. El problema básico que continuamente tiene es que es impotente y los demás son poderosos. Pero cuando está enfermo, se vuelve poderoso y todo el mundo se siente impotente. Él llega a aprender esto.

El niño es muy sensible en lo que se refiere a percibir cosas. Llega a darse cuenta de que: «Cuando estoy enfermo nadie tiene importancia delante de mí, mi padre deja de tener importancia, hasta mi madre deja de tenerla.» Entonces, la enfermedad adquiere sentido, se convierte en una inversión. Siempre que en su vida se sienta abandonado, siempre que se sienta desamparado, se pondrá enfermo. Y ese es el problema, un gran problema, porque ¿qué puedes hacer? Cuando un niño está enfermo todo el mundo tiene que prestarle atención.

Pero ahora los psicólogos sugieren que siempre que un niño esté enfermo, hay que ocuparse de él pero no hay que prestarle demasiada atención. Hay que ocuparse de él en el aspecto médico, pero no en él psicológico. No crees en su mente la asociación de que la enfermedad se premia, si no, el resto de su vida se pondrá enfermo siempre que sienta que algo va mal. Entonces su esposa no podrá decirle nada, entonces nadie le podrá recriminar nada porque está enfermo. Y todo el mundo tiene que compadecerse de él y darle cariño.

Las tres fases del sexo

La primera fase es autosexual.

Cuando el niño nace es un narcisista. Ama inmensamente su cuerpo, y esto es hermoso; sólo conoce su cuerpo. Simplemente con chuparse el dedo pulgar está eufórico. Fíjate en un niño chupándose el dedo: qué euforia hay en su cara, simplemente jugando con su cuerpo, intentando meterse el dedo gordo del pie en la boca, haciendo un círculo con la energía. Cuando el niño se mete el dedo gordo del pie en la boca se crea un círculo y la energía se empieza a mover en círculo. La energía circula naturalmente en el niño y él lo disfruta, porque cuando la luz circula se produce una gran alegría en el interior.

El niño juega con sus órganos sexuales sin saber que son órganos sexuales. Todavía no ha sido condicionado; percibe su cuerpo como una unidad. Y, sin duda, los órganos sexuales son la parte más sensible de su cuerpo. Realmente disfruta tocándoselos, jugando con ellos.

Y es aquí donde la sociedad entra en la psique del niño: «¡No te toques!» «No» es la primera palabra sucia, la primera palabrota. Y a partir de esta palabra surgen muchas otras: no puedes, no debes, todas ellas son palabrotas. Una vez que se le dice al niño «¡No!», y el padre enfadado, el padre o la madre, y esa mirada... Y al niño le retiran la mano de sus órganos genitales, que naturalmente son muy placenteros. Él realmente disfruta y no está siendo sexual ni nada parecido. Es la parte más sensible de su cuerpo, la más viva, eso es todo.

Pero nuestras mentes condicionadas... Está tocándose el órgano sexual; eso es malo, le quitamos la mano. Creamos culpabilidad en el niño.

En este momento hemos comenzado a destruir su sexualidad natural. En este momento hemos comenzado a envenenar la fuente original de su alegría, de su ser. En este momento estamos creando hipocresía en él; se volverá diplomático. Cuando estén sus padres delante no jugará con sus órganos sexuales. Acaba de hacer aparición la primera mentira; no puede ser sincero. Acaba de enterarse de que si es sincero consigo mismo, si se respeta a sí mismo, si respeta su propia alegría, si respeta su propio instinto, sus padres se enfadan.

El niño es el fenómeno del mundo más sujeto a la explotación. No ha habido ninguna otra clase tan explotada como el niño. No puede hacer nada: no puede organizarse en sindicatos para luchar contra sus padres, no puede ir a los juzgados, no puede apelar al Gobierno. No tiene ninguna manera de protegerse a sí mismo del ataque de los padres.

Ha tenido lugar el primer trauma. A partir de ahora el niño nunca será capaz de aceptar su sexualidad de manera natural, con alegría. Una parte de su cuerpo no es aceptable, una parte de su cuerpo es fea, una parte de su cuerpo no merece ser parte de su cuerpo; la rechaza. Profundamente, en su psicología comienza a castrarse, y la energía retrocede. La energía no fluirá tan naturalmente como solía fluir antes de que ese «no» ocurriese.

Esa es la fase autosexual: mucha gente se queda atascada ahí. Por eso sigue habiendo tanta masturbación en todo el mundo. Es una fase natural. Habría pasado espontáneamente, era una fase de crecimiento, pero los padres alteraron la energía en la fase de crecimiento.

Una vez que ha comenzado a masturbarse, se podría convertir en un hábito, un hábito mecánico, y entonces nunca pasaría a la segunda fase. El niño se podría quedar atascado en esta fase, que es muy infantil. Nunca alcanzará una sexualidad completamente madura. No será capaz de conocer el deleite que sólo puede conocer un ser sexualmente maduro. Y la ironía es que estos son los mismos que condenan la masturbación y hacen tantos aspavientos sobre ella. Han estado diciendo a la gente que si te masturbas te quedarás ciego, si te masturbas te convertirás en un zombi, si te masturbas nunca serás inteligente, te volverás tonto. Ahora bien, todos los hallazgos científicos coinciden en un punto: la masturbación nunca ha hecho daño a nadie. Pero esas ideas sí lo han hecho.

Si al niño se le permite esta fase natural de autosexualidad, él mismo pasará a la segunda fase: la homosexual, pero muy poca gente pasa a la segunda fase. La mayoría se queda en esta primera fase. Incluso haciendo el amor con una mujer o con un hombre podríais no estar haciendo otra cosa que masturbaros mutuamente.

La segunda fase es homosexual. Pocas personas pasan a esta segunda fase; es una fase natural. Al niño le gusta su cuerpo. Si es un chico, le gusta un cuerpo de chico, su cuerpo. Dar el salto a un cuerpo de mujer, un cuerpo de niña, sería dar un salto demasiado grande. Naturalmente, primero se enamora de otros niños; o si es una niña, el primer instinto natural será amar a otras niñas porque tienen el mismo tipo de cuerpo, el mismo tipo de ser. Podrán entender a las niñas mejor que a los niños; los niños son un mundo aparte.

La fase homosexual es una fase natural. Ahí también la sociedad ayuda a que la gente se vuelva a quedar atascada, porque crea barreras entre el hombre y la mujer, entre niños y niñas. Si esas barreras no existen, la fase homosexual desaparece pronto; comienza a surgir un interés por lo heterosexual, por el otro sexo. Pero la sociedad no da oportunidades para eso. En los colegios mayores tienen que vivir en residencias separadas. No se acepta que se encuentren, que estén juntos.

La homosexualidad es perpetuada por la misma sociedad que la condena. Hay que entender estas estrategias. Esa misma sociedad condena al homosexual, le llama pervertido, criminal. Todavía existen países donde se castiga la homosexualidad, te pueden meter en la cárcel durante años. ¡Y es esa misma sociedad la que la ha creado!

Y la tercera fase es la heterosexual.

Cuando un hombre ha superado la autosexualidad y la homosexualidad, entonces será bastante capaz y maduro para enamorarse de una mujer, que es un mundo totalmente diferente, una química, una psicología y una espiritualidad diferentes. Entonces es capaz de jugar con ese mundo diferente, con ese organismo diferente.

Condicionamiento

No TIENE tanto derecho el niño a la intimidad y a la libertad del condicionamiento paterno como el que pueden esperar los padres para ellos mismos? Este es uno de los problemas fundamentales que encara la humanidad hoy en día. El futuro depende de cómo lo resolvamos. Nunca antes ha sido enfrentado. Por primera vez el hombre ha alcanzado la mayoría de edad, ha alcanzado una cierta madurez, y cuando maduras, tienes que enfrentar nuevos problemas.

Poco a poco el hombre ha progresado, se ha hecho consciente de muchos tipos de esclavitud. En Occidente sólo recientemente nos hemos dado cuenta de que la mayor esclavitud es la del niño. Nunca antes se había pensado en ello; no se la menciona en ninguna de las escrituras del mundo. ¿Quién lo iba a pensar… un niño y esclavo? ¿Esclavo de sus propios padres, que le quieren, que se sacrifican por él? Habría parecido ridículo, ¡un completo disparate! Pero ahora, al mismo tiempo que la visión de la psicología ha ido profundizando en la mente humana y en su funcionamiento, ha quedado absolutamente en claro que el niño es la persona más explotada; nadie ha sido más explotado que el niño. Y, por supuesto, ha sido explotado detrás de un disfraz de amor.

Y no digo que los padres sean conscientes de estar explotando al niño, de estar imponiendo una esclavitud, que lo están destruyendo, que lo están volviendo estúpido, ininteligente, que todo su esfuerzo de hacer al niño hindú, musulmán, cristiano, budista, es inhumano; no son conscientes, pero eso no cambia un ápice las cosas en lo que se refiere a los hechos.

Los padres condicionan al niño con medios inaceptables, y, por supuesto, el niño es impotente: depende de sus padres. No puede rebelarse, no puede escaparse, no se puede proteger. Es absolutamente vulnerable; por eso puede ser tan fácilmente explotado.

El condicionamiento paterno es la mayor esclavitud del mundo. Tiene que ser completamente erradicado, sólo entonces el hombre será capaz por primera vez de ser realmente libre, verdaderamente libre, auténticamente libre, porque el niño es el padre del hombre. Si el niño es educado de un modo equivocado, toda la humanidad se ve afectada. El niño es la semilla: si personas bienintencionadas y llenas de buenos deseos envenenan y corrompen la semilla, no hay esperanza para un ser humano libre; entonces, ese sueño nunca podrá realizarse.

Lo que tú crees que tienes no es individualidad, es sólo personalidad. Es algo cultivado en ti, en tu naturaleza, por tus padres, la sociedad, el sacerdote, el político, los educadores. El educador, desde el jardín de infancia hasta la universidad, está al servicio de los intereses creados, está al servicio del orden establecido. Su misión es destruir y lisiar a cada niño de tal manera que se adapte a la sociedad establecida.

Existe un temor. El temor es que si el niño permanece desde el principio sin condicionar, será tan inteligente, estará tan despierto, será tan consciente, que su manera de vida será la de un rebelde. Y nadie quiere rebeldes; todo el mundo quiere gente obediente.

Los padres aman al hijo obediente. Y recuerda, el hijo obediente es casi siempre el más estúpido. El hijo rebelde es el inteligente, pero no es ni respetado ni amado. Los profesores no lo quieren, la sociedad no lo respeta; es censurado. O tiene que transigir con la sociedad o tiene que vivir sintiéndose culpable. Naturalmente, siente que no se ha portado bien con sus padres, que no les ha hecho felices.

Recuérdalo bien, los padres de Jesús no estaban contentos con Jesús, los padres de Gautama el Buda no estaban contentos con Gautama el Buda. Eran tan inteligentes y tan rebeldes que ¿cómo podían sus padres estar contentos con ellos?

Y cada niño nace con unas posibilidades y un potencial tan grandes que si se le permite y se le ayuda a desarrollar su individualidad sin ningún obstáculo por parte de los demás, tendremos un mundo hermoso, tendremos una enorme variedad de genios. Los genios aparecen en muy raras ocasiones, no porque no nazcan a menudo, no; los genios aparecen en raras ocasiones porque es muy difícil escapar al proceso de condicionamiento de la sociedad. Sólo de vez en cuando consigue un niño escapar de sus garras.

Todo niño es envuelto por los padres, la sociedad, los profesores, los sacerdotes y todos los intereses creados, envuelto en muchas capas de condicionamiento. Se le da una cierta ideología religiosa. Él no lo escoge. Y siempre que se obliga a alguien sin que pueda elegir, estás mutilando a la persona, estás destruyendo su inteligencia; no le estás dando la oportunidad de escoger, no le estás permitiendo funcionar de un modo inteligente; lo estás manipulando de tal manera que sólo funcionará mecánicamente. Será cristiano, pero no lo será por elección propia. Y ¿qué significado tiene ser cristiano si tú no lo has elegido?

Las pocas personas que siguieron a Jesús, que se fueron con él, eran personas valientes. Eran los únicos cristianos: arriesgaron sus vidas, fueron en contra de la corriente, vivieron peligrosamente; estaban dispuestos a morir pero no a transigir.

Los pocos que siguieron a Gautama el Buda eran budistas de verdad, pero hoy en día hay millones de cristianos y millones de budistas alrededor del mundo y todos ellos son fingidos, todos son falsos. No tienen más remedio que ser falsos, se les ha obligado. Están envueltos en una cierta ideología religiosa, están envueltos en una cierta ideología política –les han dicho que son indios, que son iraníes, que son chinos, que son alemanes–, se les ha impuesto una nacionalidad determinada. Y la humanidad es una, la Tierra es una. Pero a los políticos no les interesa que sea una, porque si la Tierra es una, entonces ellos y su política tendrán que desaparecer. Entonces, ¿qué pasará con todos esos presidentes y primeros ministros? Sólo pueden existir si el mundo permanece dividido.

La religión es una, pero entonces ¿qué pasaría con el Papa polaco y con todos los estúpidos *shankaracharyas**, y con el ayatolá Jo-

---

* Líder religioso hinduista. *(N. del T.)*

meini? ¿Qué le sucederá a toda esa gente? Sólo pueden existir si hay muchas religiones, muchas iglesias, muchos cultos, muchos credos.

Existen trescientas religiones en la tierra, y por lo menos tres mil sectas de estas religiones. Esto, por supuesto, da pie a la existencia de muchos sacerdotes, obispos, arzobispos, sumos sacerdotes, shankaracharyas. Esta posibilidad desaparecerá.

Y te digo: ¡sólo hay una religiosidad! No tiene nada que ver con ninguna Biblia, ningún Veda, ningún Gita. Tiene que ver con un corazón amoroso, con un ser inteligente. Tiene algo que ver con la conciencia, con una cualidad meditativa. Pero entonces todos los intereses creados se resentirán.

Por eso los padres que pertenecen a un orden establecido, a una determinada nación, a una Iglesia, a una determinada confesión, no pueden evitar el imponer sus ideas a sus hijos. Y lo más curioso es que los hijos siempre son más inteligentes que los padres, porque los padres pertenecen al pasado y sus hijos al futuro. Los padres ya están condicionados, envueltos, cubiertos. Sus espejos están llenos de polvo y ya no reflejan nada; están ciegos.

Sólo un ciego puede ser hindú, musulmán, jainista o cristiano. Un hombre que tiene ojos es religioso. No va a la iglesia, al templo o a la mezquita; no adorará cualquier tipo de estúpidas imágenes, cualquier tipo de dioses, ¡cualquier tipo de supersticiones! Los padres cargan con todo eso. Cuando un niño nace es una pizarra vacía, una *tabula rasa;* no hay nada escrito en él. Esa es su belleza: el espejo no tiene polvo. Puede ver con más claridad.

Mamá:
—Juanito, ¿te has caído con los pantalones nuevos?
Juanito:
—Sí, mamá, no me dio tiempo a quitármelos.

La profesora de la escuela primaria estaba hablándole a su clase sobre la naturaleza y se refirió a ella como: «El Mundo a tu Alrededor». Le preguntó a Elenita que estaba en la primera fila:
—Bueno, Elena, dile a toda la clase. ¿Eres un animal, un vegetal o un mineral?

–Ninguno de ellos –contestó rápidamente–. ¡Soy una chica de verdad!

Un niño que estaba pescando en el extremo de un embarcadero perdió el equilibrio mientras trataba de sacar un pez del agua y se cayó al lago. Varios hombres que también estaban pescando en las cercanías corrieron en su ayuda y lo sacaron.

–¿Cómo has venido a caerte? –le preguntó uno de los hombres.

–No he venido a caerme –dijo el niño–. He venido a pescar.

Una gran familia consiguió por fin mudarse a una casa más grande. Al cabo de un tiempo, un tío le preguntó a su sobrino:

–¿Te gusta tu nueva casa?

–No está mal –respondió el chico–. Mi hermano y yo tenemos nuestra propia habitación y lo mismo mis hermanas. ¡Pero la pobre mamá tiene que seguir aguantando en la misma habitación a papá!

Cada niño nace inteligente, claro, limpio, pero nosotros empezamos a amontonar basura sobre él.

Él tiene mucho más derecho que los padres porque está al comienzo de su vida. Los padres ya están cargados, ya están paralizados, ya dependen de sus muletas. Él tiene más derecho a ser él mismo. Necesita intimidad, pero los padres no se lo permiten; le tienen mucho miedo a la intimidad del niño. Están continuamente metiendo sus narices en los asuntos del niño; quieren tener la última palabra en todo.

El niño necesita intimidad porque todo lo que es hermoso crece en la intimidad. Recuérdalo: esta es una de las leyes fundamentales de la vida. Las raíces crecen bajo tierra; si las sacas de la tierra empiezan a morir. Necesitan intimidad, total intimidad. El niño crece en el vientre de la madre en la oscuridad, en soledad. Si sacas al niño a la luz delante de público morirá. Necesita nueve meses de absoluta intimidad. Todo lo que necesita crecer, necesita intimidad. Una persona adulta no necesita tanta intimidad porque ya ha crecido, pero un niño necesita mucha intimidad. Pero no se le permite estar solo.

Los padres se preocupan mucho cuando ven que el niño ha desaparecido o está solo; inmediatamente se preocupan. Tienen miedo, porque si el niño está solo, comenzará a desarrollar su individualidad. Se tiene que mover dentro de unos límites, para que los padres le puedan vigilar, porque al vigilarle no le están permitiendo que desarrolle su individualidad; al vigilarle le están tapando, le están envolviendo con una personalidad.

La personalidad no es nada más que un envoltorio. Viene de una hermosa palabra, *persona;* persona significa máscara. En los dramas griegos los actores usan máscaras. *Sona* significa sonido, *per* significa a través. Ellos solían hablar a través de la máscara; no podías ver sus caras reales, sólo podías oír sus voces. Por eso a la máscara se la llamaba persona, porque el sonido se escuchaba a través de ella, y de «persona» viene «personalidad».

El niño tiene que estar continuamente en guardia porque está siendo observado. Tú mismo te puedes dar cuenta: cuando te estás dando un baño eres una persona totalmente diferente; en el cuarto de baño puedes dejar tu máscara a un lado. Hasta las personas adultas que son muy serias empiezan a cantar, a tararear. ¡Hasta las personas adultas empiezan a poner caras delante del espejo! Estás solo –eres perfectamente consciente de que has echado el cerrojo a la puerta–, pero si de repente te das cuenta de que alguien te está mirando por el agujero de la cerradura, sucederá un cambio inmediato. Te pondrás otra vez serio, la canción desaparecerá, dejarás de poner caras delante del espejo; empezarás a comportarte como se supone que debes comportarte. Esta es la personalidad, estás de vuelta en el envoltorio.

Un niño necesita una enorme intimidad, tanta como sea posible, el máximo de intimidad, de modo que pueda desarrollar su individualidad sin interferencias. Pero estamos invadiéndole, invadiéndole continuamente. Los padres no dejan de preguntarle: «¿Qué estás haciendo? ¿Qué estás pensando?» ¡Hasta lo que piensas! Tienen que mirar hasta dentro de tu mente.

En el Lejano Oriente hay algunas tribus donde todas las mañanas los niños tienen que contar los sueños a los padres, porque no se les puede dejar solos ni en sueños. Podrían tener sueños inadecuados, podrían pensar cosas que no deberían; los padres tienen que saberlo.

El primer ritual de la mañana es que, antes de desayunar, tienen que contar sus sueños, lo que han visto por la noche.

El psicoanálisis es un descubrimiento muy tardío en Occidente, pero en Oriente, en esas tribus de Extremo Oriente, el psicoanálisis ha sido practicado por los padres desde hace miles de años. Por supuesto, el pobre niño no conoce la simbología y por eso cuenta el sueño tal como es. No sabe lo que significa; sólo lo saben los padres. Pero esto está yendo demasiado lejos. Se lo están comiendo, es inhumano; es meterse en el terreno del otro.

¿Te crees que tienes el derecho de hacerlo sólo porque el niño depende de ti para el alimento, para la ropa, para la vivienda? Si el niño dice que ha visto que estaba volando en el sueño, los padres inmediatamente sabrán que este es un sueño sexual. Entonces reprimirán su comportamiento, lo disciplinarán más. ¡Le darán un baño de agua fría por la mañana temprano! Le enseñarán más sobre el celibato y le enseñarán que: «Si no eres célibe todo irá mal. Si piensas sobre sexo perderás la inteligencia, te quedarás ciego», y todo tipo de disparates.

Un niño necesita una inmensa intimidad. Los padres deben acercarse sólo a ayudar, no a interferir. Se le debe dar la libertad de hacer cosas o de no hacerlas. Los padres sólo deben vigilar que no se haga ningún daño a sí mismo o a alguien más; eso es suficiente. Todo lo que sobrepase esto estará de sobra.

Un turista conducía dentro de una pequeña ciudad cuando le preguntó a un chico que estaba sentado en un banco enfrente de la oficina de correos:

—¿Cuánto tiempo has vivido aquí?

—Cerca de doce años —respondió el chico.

—Seguro que no es un sitio de paso, ¿verdad?

—Así es —respondió el muchacho.

—No pasa nada —dijo el turista—. No veo nada que te pueda mantener ocupado.

—Ni yo tampoco —dijo el muchacho—. Por eso me gusta.

A los niños les gusta mucho quedarse solos; necesitan espacio para su crecimiento. Sí, los padres tienen que estar atentos, prudentes, para que no le suceda nada malo al niño, pero se trata de un tipo negativo de prudencia. No deben interferir positivamente. Tienen que provocar en el niño un gran anhelo para que busque la verdad, pero no deberían darle una ideología como si fuese la verdad. No deberían enseñarle acerca de la verdad, le deberían enseñar cómo indagar sobre la verdad. Debe enseñarse la indagación, debe enseñarse la investigación, debe enseñarse la aventura.

Hay que ayudar a los niños para que puedan hacer preguntas, y los padres no deberían responder esas preguntas a menos que realmente conocieran las respuestas. E incluso si las supiesen deberían decir como Buda solía decir a sus discípulos: «¡No creas lo que te digo! Esa es mi experiencia, pero en el momento en que te la cuento se vuelve falsa porque para ti no es una experiencia. Escúchame, pero no me creas. Experimenta, pregunta, busca. A menos que tú mismo conozcas, tu conocimiento no sirve; es peligroso. Un conocimiento prestado es una barrera.»

Pero los padres siguen haciendo esto: condicionar al niño.

Los niños no necesitan ningún condicionamiento, no hay que darles ninguna dirección. Hay que ayudarles a ser ellos mismos, tienen que ser apoyados, alimentados, fortalecidos. Un verdadero padre, una verdadera madre, unos verdaderos padres serán una bendición para el niño. El niño se sentirá inmediatamente ayudado por ellos, y esto le servirá para enraizarse en su naturaleza, para afianzarse, para centrarse; de este modo, empezará a amarse a sí mismo en vez de sentirse culpable, y se respetará.

Recuerda, a menos que una persona se ame a sí misma, no podrá amar a nadie más en el mundo; a menos que un niño se respete a sí mismo, no podrá respetar a nadie más en el mundo. Por eso todo vuestro amor es artificial y todo vuestro respeto es falso. Si no te respetas a ti mismo, ¿cómo vas a respetar a nadie? A menos que nazca en tu interior el amor por ti mismo, éste no irradiará a los demás. Primero tendrás que ser una luz para ti mismo, entonces tu luz se extenderá y alcanzará a los demás.

Era el día de exámenes en la escuela y un profesor malhumorado estaba preguntándole a un niño pequeño acerca de sus conocimientos sobre las plantas y las flores. El niño era incapaz de responder ninguna pregunta correctamente. En su frustración, el profesor se giró hacia su asistente y le gritó:

–¡Ve y tráeme un puñado de heno!

Mientras el asistente se daba la vuelta para salir, el niño pequeño gritó:

–¡Y para mí, un café solo, por favor!

Un polaco estaba conduciendo por una carretera comarcal cuando se le averió el coche. Mientras lo arreglaba, un niño pequeño se le acercó y le preguntó:

–¿Qué es eso?

–Es un gato –dijo el polaco.

–Mi padre tiene dos de ésos –dijo el niño.

Diez minutos más tarde le preguntó de nuevo:

–¿Y eso qué es?

–Es una linterna.

–Oh, mi padre también tiene dos de ésas. ¿Y allí? ¿Qué es eso, una llave inglesa?

–Sí –dijo el hombre irritado.

–Mi padre tiene dos de ésas.

La conversación continuó en esta línea durante algún tiempo. Finalmente, el polaco terminó la reparación, se levantó y fue a hacer pis a un lado de la carretera. Mientras hacía pis, señalando su maquinaria reproductora, le preguntó:

–¿Tiene tu padre también dos de éstas?

–Por supuesto que no –respondió el niño–. ¡Pero tiene una que es el doble de larga!

Los niños son enormemente inteligentes, ¡sólo necesitan una oportunidad! Necesitan oportunidades para crecer, necesitan el clima apropiado. Cada niño nace con el potencial para iluminarse, con el potencial para despertar, pero nosotros lo destruimos.

Esta ha sido la mayor calamidad en toda la historia de la humanidad. No ha habido otra esclavitud tan nociva como la del niño, ninguna otra ha restado tanta vitalidad a la humanidad, y librarse de ella va a ser también para la humanidad la tarea más complicada.

Esto no va a ser posible, a menos que organicemos toda la sociedad de un modo completamente diferente, a menos que suceda un cambio radical, que desaparezca la familia y deje el sitio a la comuna.

Una vez que este viejo modelo de familia desaparezca para dar lugar a una estructura más multidimensional, la humanidad podrá tener un nuevo nacimiento. Se necesita un nuevo hombre, y este nuevo hombre traerá consigo ese mismo Paraíso que en el pasado estábamos posponiendo para otra vida. El Paraíso puede ser aquí y ahora, pero tenemos que alumbrar a un nuevo niño.

¿Por qué la gente se reprime voluntariamente y adopta mecanismos de defensa paralizantes?

Para sobrevivir.

El niño es tan frágil que no puede existir aislado. Tú puedes explotar esto. Puedes obligar al niño a aprender lo que quieras. Eso es lo que un conductista como B. F. Skinner hace en su laboratorio. Enseña a las palomas a jugar al ping-pong, pero el truco es el mismo: premio y castigo. Si juegan son premiadas; si no juegan, si se resisten, son castigadas. Si hacen el movimiento correcto son premiadas, les dan alimento; si hacen el movimiento equivocado, les dan una descarga eléctrica. Hasta las palomas empiezan a aprender a jugar al ping-pong.

Eso es lo que siempre se ha hecho en el circo. Puedes ir y verlo. Están enjaulados hasta los leones, los hermosos leones, y los elefantes se mueven al son del látigo del domador. Les han hecho pasar hambre y después les han premiado, castigado y premiado. En eso consiste el truco.

Lo que haces en el circo con los animales lo sigues haciendo con tus hijos. Pero lo haces de un modo muy inconsciente porque te lo han hecho a ti; esta es la única manera que conoces de educar y criar hijos. Esto es lo que llamas educar *. En realidad, es bajarlos, es forzarlos a una existencia inferior en vez de elevarlos a una existencia superior. Todos estos son trucos y técnicas de Skinner; por su culpa comenzamos voluntariamente a reprimirnos y a adoptar mecanismos de defensa paralizantes.

Un niño no distingue entre lo que está bien y lo que está mal. Nosotros se lo enseñamos. Le enseñamos de acuerdo con nuestra mente. Una misma cosa podría estar bien en el Tíbet y mal en la India; una misma cosa podría estar bien en tu casa y mal en la casa del vecino. Pero se lo impones al niño: esto está bien, lo tienes que hacer. El niño consigue tu aprobación cuando lo hace, y tu desaprobación en caso contrario. Cuando te hace caso, te pones contento y le das una palmadita; cuando no te hace caso, te enfadas y lo torturas, le golpeas, dejas que pase hambre, le niegas tu amor.

Naturalmente, el niño empieza a entender que su supervivencia está en juego. Si le hace caso a su madre y a su padre todo va bien; si no, le matarán. Y ¿qué puede hacer un niño? ¿Cómo puede hacerse valer en contra de esta gente poderosa? Parecen muy grandes. Son inmensos, muy grandes y muy poderosos, y pueden hacer cualquier cosa.

Cuando el niño llega a ser poderoso ya está condicionado. Entonces el condicionamiento ha entrado tan profundamente en su interior que ya no hace falta que el padre y la madre le sigan. El condicionamiento interno, lo que llaman conciencia, seguirá torturándole.

Por ejemplo, si el niño empieza a jugar con sus genitales –que es un placer para el niño, un placer natural, porque el cuerpo del niño es muy sensitivo–, no es en absoluto sexual en el sentido que tiene para ti la sexualidad. El niño está realmente muy vivo y, na-

---

* Del original *bringing up:* subir. *(N. del T.)*

turalmente, cuando el niño está vivo sus genitales estarán más vivos que otras partes de su cuerpo. Ahí es donde se acumula la energía vital: en la parte más sensitiva. Mientras se toca y juega con sus genitales el niño se siente inmensamente feliz; pero a ti te da miedo. Es tu problema. Te empieza a dar miedo que se esté masturbando o algo parecido. No es nada. Es el placer natural de estar jugando con su propio cuerpo. No es masturbación ni nada de eso, está amando su propio cuerpo.

Es tu culpabilidad, es tu miedo. Alguien podría ver lo que está haciendo tu hijo, y ¿qué va a pensar sobre cómo estás educando a tus hijos? Hazlos civilizados. Enséñales algo. Por eso le detienes, le gritas. Le dices: «¡Para!» una y otra y otra y otra vez. Y poco a poco surge la conciencia. Para, para, para; le va entrando cada vez más profundamente y se vuelve una parte inconsciente en el niño.

Entonces dejas de ser necesario. Cuando empiece a jugar con sus genitales, algo desde su interior dirá: «¡Para!» Y se asustará —quizá su padre o su madre estén mirando—, se sentirá culpable. Y entonces, además, le enseñamos que hay un Dios Padre que lo ve todo, en todas partes, hasta en el cuarto de baño. Te puede ver en todas partes.

Esta idea de Dios te paraliza. Dejas de ser libre hasta en el cuarto de baño. Aquí y ahora eres libre. El Dios omnipotente te sigue como un detective por todas partes. Cuando le estás haciendo el amor a una mujer, él está allí. No te dejará. Es un superpolicía, que se suma a la conciencia que los padres han creado.

Por eso Buda dice que a menos que mates a tus padres nunca serás libre. Matar a tus padres quiere decir acallar la voz de tus padres en tu interior, matar la conciencia en tu interior, dejar ir esas tontas ideas y empezar a vivir tu vida de acuerdo con tu propia consciencia. Recuerda, la consciencia tiene que tender a aumentar y la conciencia tiene que disminuir. Poco a poco esa conciencia tiene que desaparecer completamente y hay que vivir la pura consciencia.

La conciencia es la ley, deja que la consciencia sea la única ley. Entonces, todo lo que sientas es tu vida. Tú tienes que decidir. No es la vida de nadie más; nadie más tiene derecho a decidir.

No estoy diciendo que siempre vayas a hacer lo correcto, algunas veces te equivocarás. Pero eso también forma parte de tu libertad y de tu crecimiento. Te equivocarás muchas veces, pero está perfectamente bien; equivocarse es una manera de volver a casa. Una persona que nunca se equivoca, jamás disfruta cuando hace algo bien. Es sólo un esclavo. Se crea una esclavitud mental.

La prole humana depende de sus padres durante mucho tiempo, entre veintiuno y veinticinco años, por lo menos. Es un largo período de tiempo, es un tercio de su vida. Durante un tercio del total de su vida se le condiciona. Piénsalo, ¡veinticinco años de condicionamiento! Se le puede imponer cualquier cosa.

Y una vez que aprendes estos trucos, son muy difíciles de olvidar. Por eso es tan difícil dar el salto a la realidad y empezar a vivir tu vida. Por supuesto, al principio estarás temblando, temblarás muchas veces porque naturalmente estarás en contra de tus padres, estarás en contra de la sociedad. Tus padres están a las órdenes de la sociedad; tus padres no fueron otra cosa que agentes de esta sociedad. Todo es una conspiración –los padres, los profesores, los policías, los magistrados, el presidente–, todo es una conspiración, están todos de acuerdo. Y todos están influyendo en el futuro de todos los niños.

Una vez que has aprendido, es muy difícil desaprender, porque después de veinticinco años de constante repetición estás completamente hipnotizado. Necesitas deshipnotizarte; tienes que deshacerte de todo ese condicionamiento.

Sí, es simple supervivencia, es la necesidad de sobrevivir. El niño quiere vivir, por eso empieza a transigir. Negocia. Cualquiera negociaría cuando es un asunto de vida o muerte. Si te estás muriendo en un desierto y alguien tiene agua y tú te estás muriendo de sed, él te puede pedir cualquier precio. Puede conseguir lo que quiera, puede obligarte a cualquier cosa. Eso es lo que hemos estado haciendo con nuestros niños hasta ahora.

¿Por qué la gente se reprime voluntariamente y adopta mecanismos de defensa paralizantes?

No es voluntario. Parece como si fuera voluntario porque para cuando te puedes dar cuenta ya está casi dentro de tu sangre y de tus huesos. Pero no es voluntario, ningún niño aprende nunca nada voluntariamente; se le obliga, es algo violento.

Puedes fijarte en cualquier niño. Todos los niños se resisten, todos luchan hasta el final, todos les crean problemas a sus padres, todos tratan por todos los medios posibles de escapar de este mecanismo paralizante. Pero al final los padres lográn dominarlo, porque son más poderosos. Es simplemente cuestión de quién tiene el poder y quién no lo tiene.

No es antinatural que cuando los niños crezcan, empiecen a tomarse la revancha con sus padres. Esa reacción es natural. Es muy difícil perdonar a los padres, por eso todas las sociedades te enseñan a respetarlos. Si no puedes perdonarlos, por lo menos respétalos; si no puedes amarlos, por lo menos respétalos. Pero ese respeto es formal, es falso. En tu interior sigues enfadado.

Si lo que estoy diciendo es escuchado, si lo que estoy diciendo se extiende por el mundo, ese día los niños amarán de verdad a sus padres, se conectarán de verdad, porque los padres no serán sus enemigos, serán sus amigos.

La prole humana es la más débil de toda la existencia, aunque su debilidad es una bendición disfrazada.

Pero también puede ser explotada, y eso es lo que se ha estado haciendo desde hace siglos. Los padres nunca permiten que las debilidades, la impotencia y la dependencia del niño se conviertan en independencia, fuerza, integridad e individualidad; estaban muy contentos de que el niño fuera obediente. Naturalmente, un niño obediente no es un problema. Un niño desobediente es un problema constante, pero es un ser humano real.

El niño obediente es simplemente excremento de vaca. Un niño que no puede decir que no, carece de integridad, y el sí de un niño que no puede decir que no a algo, carece de significado. Su sí sólo significa algo si el niño es además capaz de decir que no. Entonces la decisión depende de su inteligencia.

Pero para los padres es más fácil que el niño diga siempre sí. Se le recompensa por ser obediente; se le castiga por ser desobedien-te. La situación es la misma en las escuelas: los profesores quieren que seas obediente; es más fácil para ellos controlarte, dominarte.

Todos mis profesores se quejaban a mi padre, y él les decía:

—¿A quién me voy a quejar yo? ¿Os creéis que yo mando? ¿Os creéis que me va a escuchar? Haced lo que queráis: castigadle, ex-pulsadle de la escuela, estoy de acuerdo con vosotros en todo lo que queráis hacerle. Pero no me mareéis más con él, porque me paso todo el día... ¿es que no tengo nada más que hacer? ¿Es que tengo que seguir escuchando lo que le ha hecho a ese profesor y a aquel otro, a este vecino y a aquél?

Y me dijo:

—Puedes hacer lo que quieras, pero no me arruines el negocio. Viene todo el mundo y me creo que son clientes..., pero resulta que son tus clientes.

—Haz una cosa —le sugerí a mi padre—. En una de las esquinas de tu gran tienda puedes poner un cartelito que diga: QUEJAS EN LA PARTE DE ATRÁS. Tú te libras..., y yo veré a esa gente. Deja que vengan.

—La idea es buena —dijo él—, pero ¿has visto en alguna tienda un apartado de quejas? La gente pensará que las quejas son en mi con-tra y en contra de la tienda; nadie pensará que son en contra de ti. Y tú seguirás haciéndoles travesuras a estos pobres tipos que han venido a quejarse.

—Era una sugerencia para ayudarte —le dije.

Para los padres es difícil permitir cualquier tipo de desobedien-cia, es difícil para los profesores, para los curas, para todo el mun-do. Ni Dios —que es omnipotente, todopoderoso, el mayor déspota, el más grande de los dictadores— lo pudo permitir; ni siquiera pudo tolerar una pequeña desobediencia de Adán y Eva. Los echó del jar-dín del Edén y no habían cometido ningún pecado. De hecho, des-de que me enteré que se trataba de un manzano no he dejado de comer manzanas. No veo qué pecado puedo estar cometiendo por comer los frutos de un manzano.

Pero el problema no fue la manzana.

El problema fue la desobediencia.

Por eso, lo primero es que la obediencia hay que imponerla; para que te obedezcan hay que usar el temor. Ese temor se convierte, en términos religiosos, en el infierno. Para que haya obediencia, hay que usar la recompensa; en términos religiosos se convierte en el Paraíso o en el cielo. Y para mantener el control sobre todo eso se necesita una figura paterna, por eso Dios es el padre.

Yo sé por qué no han identificado a Dios con la madre. Sé por experiencia propia que cuando mi padre me estaba buscando porque había hecho algo y estaba muy enfadado conmigo, mi madre me escondía en casa. Cuando mi padre se negaba a darme dinero porque había hecho algo que él me había prohibido, mi madre se las arreglaba para dármelo. Por eso sé que una madre no puede ser tan disciplinaria como lo puede ser un padre.

Y a una madre se le puede convencer muy fácilmente, porque ella es todo amor, ella es todo corazón. El padre es la cabeza, la lógica, la razón, la disciplina. El padre es el hombre y la sociedad está hecha por el hombre. Mi madre incluso solía disfrutar cuando le decía:

—He hecho algo, y necesito ayuda urgentemente.

—Primero dime lo que has hecho —me decía—. Te salvaré, haré todo lo que pueda, pero antes cuéntame toda la historia. Vienes con unas historias tan divertidas que me pregunto cómo se puede enfadar tu padre. Debería disfrutar de ellas.

Los sacerdotes, el padre en el cielo, los padres aquí en la tierra, los profesores, los líderes políticos, todos quieren absoluta obediencia de todo el mundo, para que no surja la idea de rebelión, de cambio, para mantener a salvo sus intereses. Todos nos hemos convertido en víctimas de sus intereses particulares. Es el momento de que las cosas cambien.

El niño obediente siempre es mediocre; desobedecer quiere decir que se necesita un poco de inteligencia. El niño obediente se convierte en un buen ciudadano, va todos los domingos a la iglesia; no se puede confiar en el niño desobediente. ¿Qué hará él en la vida? Puede que sea un pintor, puede que sea un músico, puede que sea un bailarín —profesiones no muy rentables—, o quizá se convierta en un don nadie, un vagabundo, disfrutando de su libertad.

Quiero que salgas de ese círculo. Abandona el temor. No hay nada que temer. No hay ningún infierno que temer y no hay ningún Paraíso que ansiar.

El Paraíso está aquí. Y si abandonamos la idea de un Paraíso más allá de la muerte, podremos hacer este Paraíso mil veces más bello.

Educando al nuevo niño

S I MIRAS las caras de los niños cuando llegan, nuevos de la fuente misma de la vida, percibirás una cierta presencia que no puede ser nombrada; innombrable, indefinible.

El niño está vivo. No puedes definir su vitalidad, pero está allí, puedes sentirla. Hay tanta que por más ciego que estés no podrás perdértela. Es fresca. Puedes oler la frescura alrededor del niño. Esa fragancia, poco a poco, desaparece. Y desafortunadamente el niño alcanza el éxito, se convierte en una celebridad –en presidente, en primer ministro, en papa–; entonces, ese mismo niño apesta.

Había llegado con una inmensa fragancia, inconmensurable, indefinible, innombrable. No podrás encontrar algo más profundo que mirar a los ojos a un niño. Los ojos de un niño son un abismo, no tienen final. Desafortunadamente, de la manera en que la sociedad le va a destruir, pronto sus ojos serán sólo superficiales; debido a las capas y capas de condicionamiento, esa profundidad, esa inmensa profundidad habrá desaparecido mucho antes. Y esa era su cara original.

El niño no tiene pensamientos. ¿Sobre qué va a pensar? Para pensar hay que tener un pasado, para pensar hay que tener problemas. Él no tiene pasado, sólo tiene futuro. Todavía no tiene problemas, carece de problemas.

No tiene posibilidad de pensar. ¿En qué puede pensar?

El niño es consciente pero sin pensamientos.

Esa es la cara original del niño.

Una vez ésa también fue tu cara, y a pesar de que la has olvidado, todavía está ahí en tu interior, esperando ser redescubierta algún día. Estoy diciendo redescubierta porque la has descubierto muchas veces en tus vidas pasadas, y una y otra vez la has vuelto a olvidar.

Quizá incluso en esta vida ha habido momentos en los que has estado muy cerca de conocerla, de sentirla, de serla. Pero el mundo está demasiado presente en nosotros. Su atracción es muy grande, y nos atrae en mil y una direcciones. Te está atrayendo en tantas direcciones que te hace pedazos. Es un milagro cómo la gente sigue arreglándoselas para mantenerse de una pieza. Si no fuera así, una de sus manos iría hacia el norte, la otra iría hacia el sur, su cabeza iría hacia el cielo; todas las partes saldrían volando por todos lados.

Sin duda es un milagro cómo te las arreglas para mantenerte de una pieza. Quizá la presión de todos lados es tanta que tus manos, tus piernas y tu cabeza no pueden volar. Eres presionado por todos lados.

Incluso si por casualidad sucede que te encuentras con tu cara original, no serás capaz de reconocerla, te será totalmente extraña. Quizá te la estés cruzando de vez en cuando, por casualidad, pero ni siquiera le dices «¡Hola!» Es un extraño y quizá, en el fondo, hay un cierto temor como el que sientes hacia cualquier extraño.

Me estás preguntando cómo podemos salvar el rostro original de nuestros hijos.

No tienes que hacer nada directamente.

Todo lo que hagas directamente será una interferencia.

Tienes que aprender el arte de no hacer.

Es un arte muy difícil. No es algo que tengas que hacer para proteger, o para salvar, el rostro original del niño. Cualquier cosa que hagas distorsionará el rostro original. Tienes que aprender a no hacer; tienes que aprender a mantenerte alejado, fuera del camino del niño. Tienes que ser muy valiente para esto, porque dejar al niño solo es arriesgado.

Durante miles de años se nos ha dicho: si al niño se le deja solo, será un salvaje.

Esto es una completa tontería. Estoy sentado delante de ti: ¿piensas que soy un salvaje? Y he vivido sin que mis padres interfirieran. Sí, ellos tuvieron muchos problemas y tú tendrás muchos problemas, pero vale la pena.

El rostro original del niño es tan valioso que cualquier problema vale la pena. Es tan valioso que, pagues lo que pagues, sigue siendo barato; no te está costando nada. Y qué alegría el día que te encuentras a tu hijo con su rostro original intacto, con la misma belleza que trajo al mundo, la misma inocencia, la misma claridad, la misma alegría, jovialidad, la misma vitalidad... ¿Qué más puedes pedir?

Tú no le puedes dar nada al niño, sólo puedes tomar. Si realmente quieres hacerle un regalo al niño, éste es el único posible: no interfieras. Arriésgate y deja que el niño se adentre en lo desconocido, en lo inexplorado. Es difícil. Un gran temor paraliza a los padres: ¿quién sabe qué le puede pasar al niño?

Por culpa de este temor empiezan a moldear un cierto patrón de vida en el niño. Por culpa de este temor comienzan a dirigirle hacia un camino determinado, hacia un objetivo particular, pero no saben que por culpa de este temor están matando al niño. Nunca será feliz. Nunca te lo agradecerá; siempre cargará un resentimiento hacia ti.

Sigmund Freud tiene una gran comprensión sobre este asunto; dice: «Todas las culturas respetan al padre. No existe ni ha existido nunca ninguna cultura sobre la tierra que no haya planteado y propagado la idea de que hay que respetar al padre.» Sigmund Freud dice: «Este respeto hacia el padre surge porque en algún momento en los tiempos prehistóricos los hijos asesinaron al padre para evitar ser mutilados.»

Es una idea original, pero muy importante. Está diciendo que el respeto que se rinde al padre está basado en la culpa, y que esa culpa ha sido cargada durante miles de años. No es un hecho histórico, sino un mito cargado de significado, que en algún lugar gente joven debió asesinar a su padre y luego se arrepintió, naturalmente porque era su padre; porque él les estaba conduciendo por caminos en los que no eran felices.

Lo mataron, pero después se arrepintieron. Entonces comenzaron a adorar a los espíritus de los ancestros, los padres, los antepasados, por miedo, porque sus fantasmas podrían tomarse la revancha. Y luego, poco a poco, el ser respetuoso con los ancianos se convirtió en una convención. Pero ¿por qué?

Me gustaría que vosotros fuerais respetuosos con los niños.

Los niños se merecen todo el respeto que podáis darles, porque son tan nuevos, tan inocentes, tan cerca de la divinidad. Es hora de respetarles, no de obligarles a rendir respeto a todo tipo de personas corruptas —astutos, aviesos, llenos de porquería—, sólo porque son mayores.

Me gustaría invertir todo este asunto: respeta a los niños porque ellos están más cercanos a la fuente; tú estas lejos. Ellos todavía son originales, tú ya eres una copia. Y ¿entiendes qué es lo que puede suceder si eres respetuoso con los niños? Entonces, a través del amor y del respeto puedes ahorrarles el que vayan en la dirección equivocada, no por miedo sino por respeto y amor.

Mi abuelo…, no le podía contar mentiras a mi abuelo por todo lo que me respetaba. Cuando toda mi familia estaba en mi contra pude por lo menos depender del anciano. A él no le preocupaba que todas las pruebas estuvieran en mi contra. Él decía: «No me importa lo que haya hecho. Si lo ha hecho él, debe de estar bien. Le conozco, no puede haber hecho nada malo.»

Y si él estaba de mi lado, por supuesto, toda la familia tenía que replegarse. Yo le contaba todo lo que había pasado, y él me decía: «No hace falta preocuparse. Haz aquello que te parezca correcto, porque ¿quién si no puede decidir? En tu situación, en tu lugar, sólo tú puedes decidir. Haz lo que te parezca correcto y siempre recuerda que yo estoy aquí para apoyarte, porque no sólo te quiero, además te respeto.»

Su respeto hacia mí fue el tesoro más grande que pude recibir. Cuando se estaba muriendo yo me encontraba a cien kilómetros de distancia. Me avisó para que fuera inmediatamente porque no quedaba mucho tiempo. Fui rápidamente; en dos horas estaba allí.

Era como si me estuviera esperando. Abrió los ojos y dijo: «Estaba tratando de seguir respirando hasta que pudieras llegar. Sólo te quiero decir una cosa: ahora ya no estaré aquí para apoyarte, y necesitarás apoyo. Pero recuerda, donde quiera que esté, mi amor y mi respeto seguirán contigo. No le tengas miedo a nadie, no le tengas miedo al mundo.»

Esas fueron sus últimas palabras: «No le tengas miedo al mundo.»

Respeta a los niños, hazles intrépidos.

Pero si tú mismo estás lleno de miedo, ¿cómo vas a hacerles intrépidos?

No les impongas el respeto hacia ti porque eres su padre, su papá, su mamá, esto y aquello.

Cambia esta actitud y mira la transformación que el respeto puede aportar a tus hijos

Si los respetas, te escucharán con más atención. Si los respetas, tratarán de entenderte a ti y a tu mente con más atención. Tienen que hacerlo. Y de ninguna manera les estás imponiendo nada; por eso si al entenderlo sienten que estás en lo cierto y te hacen caso, no perderán su rostro original.

El rostro original no se pierde por actuar de una cierta manera. Se pierde por obligar a los niños en contra de su voluntad.

El amor y el respeto pueden ayudarles dulcemente a entender mejor el mundo, puede ayudarles a estar más alerta, conscientes, atentos, porque la vida es preciosa y es un regalo de la existencia. No debemos desperdiciarla.

Y en el momento de la muerte debemos de ser capaces de decir que nos vamos dejando el mundo mejor, más hermoso, más lleno de gracia.

Pero esto sólo es posible si dejamos este mundo con nuestro rostro original, la misma cara con la que llegamos a él.

A mi parecer, sólo puedes hacer una cosa con tus hijos: compartir tu propia vida. Cuéntales que tú has sido condicionado por tus padres, que has vivido con ciertos límites, de acuerdo a un cierto tipo de ideales, y por culpa de esos límites e ideales te has perdido completamente la vida, y que tú no quieres destruir la vida de tus hijos. Quieres que sean totalmente libres, libres de ti, porque para ellos tú representas todo el pasado.

Los padres necesitan un coraje y un amor inmenso para decir a sus hijos: «Necesitáis liberaros de nosotros. No nos obedezcáis, depended de vuestra propia inteligencia. Incluso si os equivocáis, es mucho mejor que seguir siendo un esclavo y siempre hacerlo bien. Es mejor cometer errores y aprender de ellos que hacerle caso a alguien y no cometer errores. Pero entonces nunca vas a aprender nada excepto a obedecer, y eso es veneno, puro veneno.»

Es muy fácil si amas. No preguntes «cómo», porque «cómo» significa que estás pidiendo un método, una metodología, una técnica, y el amor no es una técnica.

Ama a tus hijos, disfruta de su libertad. Déjales que cometan errores, ayúdales a ver dónde los han cometido. Diles: «No hay nada malo en cometer errores. Comete todos los que puedas, porque ese es el modo en el que más aprenderás. Pero no cometas el mismo error una y otra vez, porque eso te convierte en un estúpido.»

Tienes que aprender a vivir con tus hijos momento a momento, permitiéndoles toda la libertad posible en pequeñas cosas.

Por ejemplo, en mi infancia…, y ha sido igual durante siglos, a los niños se les enseñaba: «Acuéstate pronto y madruga por la mañana. Eso te hace sabio.»

Yo le dije a mi padre:

—Me parece extraño: cuando no tengo sueño, me obligas a acostarme pronto.

Y en los hogares jainistas, pronto quiere decir muy pronto, porque se cena a las cinco de la tarde o como mucho a las seis. Y después no hay nada más que hacer; los niños deben irse a la cama.

Le dije:

—Cuando mi energía no está todavía dispuesta para irse a dormir, me obligas a irme a la cama. Y cuando por la mañana tengo sueño, me sacas de la cama. Esta parece una forma un poco rara de ¡hacerme sabio! Y no veo la conexión. ¿Cómo me voy a hacer sabio obligándome a dormir cuando no tengo sueño? Y es que me paso horas tumbado en la cama, a oscuras…, horas que habría aprovechado de alguna manera, de alguna forma creativa, y tú me obligas a dormir. Pero el sueño no es algo que esté en tus manos. No puedes sencillamente cerrar los ojos y dormirte. El sueño llega cuando llega; ni atiende a mis órdenes ni a las tuyas, por eso estoy perdiendo el tiempo durante horas.

»Y entonces por la mañana, cuando de verdad tengo mucho sueño, me obligas a levantarme –a las cinco, muy pronto– y me sacas de la cama para dar un paseo por el bosque. Tengo sueño y me arrastras. Y no veo cómo todo esto me va a hacer sabio. ¡Por favor, explícamelo!»

Y ¿cuánta gente se ha vuelto sabia a través de este proceso? Enséñame a alguno. No veo a ninguno por aquí. Y he estado hablando con mi abuelo y me ha contado que todo esto es un disparate. Este viejo es el único hombre sincero de toda la casa. No le importa lo que dicen los demás, pero me ha contado que todo esto es una tontería:

–La sabiduría no llega por irse pronto a la cama. He estado acostándome pronto durante toda mi vida –setenta años– y la sabiduría no me ha llegado todavía, ¡y no pienso que vaya a llegar! Ahora es el momento de que llegue la muerte, no la sabiduría. O sea, que no te dejes engañar por esos proverbios.

–Piensa en ello –le dije a mi padre– y, por favor, sé auténtico y sincero. Concédeme al menos esta libertad para que pueda ir a dormir cuando sienta que me entra el sueño, y me pueda levantar cuando sienta que ha llegado el momento y ya no tengo sueño.

Se tomó un día para pensarlo y al día siguiente dijo:

–De acuerdo, quizá tengas razón. Haz lo que te parezca. Escucha a tu cuerpo en vez de escucharme a mí.

Esa debe ser la norma: los niños deben ser ayudados a escuchar a sus cuerpos, a escuchar sus propias necesidades. Lo básico para los padres es vigilar a los niños para que no caigan en una zanja. La función de su disciplina es negativa.

Recuerda la palabra «negativa»…, no una programación positiva sino una vigilancia negativa porque los niños son niños, y pueden hacer algo que les haga daño, que les mutile. Incluso entonces no les ordenes que no lo hagan, explícaselo. No hagas hincapié en la obediencia: déjales que escojan. Simplemente explícales la situación completa.

Los niños son muy receptivos, y si los respetas están dispuestos a escucharte, a entenderte; deja que usen su capacidad de comprensión. Al principio sólo será cuestión de unos años; pronto empezarán a basarse en su propia inteligencia, y tu vigilancia no será en absoluto necesaria. Pronto podrán andar solos.

Puedo entender el temor de los padres a que los niños puedan ir en una dirección que no les gusta, pero ese es su problema. Tus hijos no han nacido para hacer lo que a ti te gusta. Tienen que vivir su vida, y tendrías que alegrarte de que estén viviendo su vida, sea la que sea.

Siempre que sigues tu potencial, siempre te conviertes en el mejor. Siempre que te alejas de tu potencial, sigues siendo un mediocre.

Toda la sociedad está formada por gente mediocre por la sencilla razón de que nadie es lo que estaba destinado a ser; es otra cosa. Y haga lo que haga, no puede ser el mejor, y no puede sentir una plenitud; no puede disfrutar.

Por eso el trabajo de los padres es muy delicado, y es precioso, porque toda la vida del niño depende de ello. No le des ningún programa positivo; ayúdale de todas las maneras que él quiera.

Por ejemplo, yo solía trepar a los árboles. Hay algunos árboles que son seguros para trepar; sus ramas son fuertes, su tronco es fuerte. Puedes trepar hasta la misma copa, e incluso allí no tienes que temer que se vaya a romper una rama. Pero hay algunos árboles que son muy débiles. Mi familia estaba muy preocupada porque yo solía trepar a los árboles a coger mangos y jamuns –otra fruta buenísima– y siempre mandaban a alguien para impedírmelo.

Le dije a mi padre:

–En lugar de impedírmelo, por favor, explícame qué árboles son peligrosos, para poder evitarlos, y qué árboles no son tan peligrosos para que me pueda subir a ellos. Pero si tratas de impedir que me suba, existe un peligro: podría subirme al árbol equivocado y la responsabilidad será tuya. No voy a dejar de subirme a los árboles, me encanta.

El estar en la copa de un árbol, al sol, con mucho viento y con el árbol entero bailando es una de las experiencias más hermosas, es una experiencia muy rica.

–No voy a parar –le dije–. Tu deber es decirme exactamente a qué árboles no debo subir, porque me puedo caer, puedo sufrir fracturas, puedo dañar mi cuerpo. Pero no me des una orden categórica: «No te subas.» Eso no lo voy a cumplir.

Y tuvo que venir conmigo e ir alrededor de la ciudad para enseñarme qué árboles eran peligrosos. Entonces le hice la segunda pregunta:

—¿Conoces a algún buen escalador en la ciudad que me pueda enseñar a subir incluso a los árboles peligrosos?

—¡Eres demasiado! —me dijo—. Esto está yendo demasiado lejos. Me lo habías dicho, lo había entendido...

—No voy a dejar de hacerlo —le dije—, porque me lo he propuesto. Pero los árboles que dices que son peligrosos son irresistibles, porque el jamun —un fruto indio— crece en ellos. Es verdaderamente delicioso y cuando está maduro quizá no pueda resistir la tentación. Eres mi padre, es tu obligación..., debes de conocer a alguien que pueda ayudarme.

Me dijo:

—Si hubiera sabido que ser padre iba a ser tan difícil, nunca hubiera sido padre, ¡por lo menos tu padre! Sí, conozco a un hombre.

Y me presentó a un anciano que era un escalador extraordinario, el mejor.

Era un leñador, y tan viejo que no podías creer que cortara leña. Sólo hacía trabajos especiales que nadie más estaba dispuesto a hacer..., grandes árboles que estaban creciendo encima de las casas; él cortaba las ramas. Era sencillamente un experto, y eso lo hacía sin que se estropearan ni las raíces ni las casas. Primero ataba las ramas a otras ramas con cuerdas. Entonces las cortaba, y con las cuerdas alejaba las ramas cortadas de la casa y las dejaba caer al suelo.

¡Y era tan viejo! Pero siempre que había una situación como ésta, cuando ningún otro leñador estaba dispuesto, él lo estaba. Por eso mi padre le dijo:

—Enséñale algo, sobre todo acerca de los árboles que son peligrosos, que pueden romperse.

Las ramas se pueden romper..., y ya me había caído dos o tres veces. Todavía tengo las marcas en las piernas.

El anciano me miró y dijo:

–Nunca ha venido nadie, ¡especialmente un padre con su hijo...! Es algo peligroso, pero si le gusta, me encantaría enseñarle.

Y estuvo enseñándome cómo arreglármelas para subir a los árboles peligrosos. Me enseñó todo tipo de estrategias para poder protegerme: si quieres subir a un árbol alto y no te quieres caer al suelo, primero átate con una cuerda a un punto donde te parezca que el árbol es suficientemente fuerte, y entonces sube. Si te caes, te quedarás colgando de la cuerda, pero no caerás al suelo. Y eso me ayudó de verdad, ¡desde entonces no me he caído!

La misión de un padre o de una madre es grande, porque están trayendo un nuevo invitado al mundo, que no sabe nada, pero que trae con él un potencial. Y a menos que ese potencial crezca, será infeliz.

A ningún padre le gusta pensar que sus hijos son infelices; quieren que sean felices. Lo único que ocurre es que su forma de pensar está equivocada. Se creen que si se convierten en médicos, en profesores, en ingenieros o en científicos, entonces serán felices. ¡No saben! Ellos sólo serán felices si se convierten en lo que han venido a convertirse. Sólo pueden convertirse en el potencial de la semilla que llevan en su interior.

Por eso procura por todos los medios posibles darles libertad, darles oportunidades. Normalmente, si un niño le pide algo a su madre, la madre sencillamente dice no, sin ni siquiera escuchar lo que está pidiendo. «No» es una palabra autoritaria; «sí» no lo es. Por eso ni un padre ni una madre ni cualquier persona que sea autoritaria quiere decir sí a una cosa ordinaria.

El niño quiere jugar fuera de la casa: «¡No!» El niño quiere salir mientras está lloviendo y quiere bailar bajo la lluvia: «¡No! Te cogerás un catarro.» Un catarro no es un cáncer, pero un niño al que se le ha impedido bailar bajo la lluvia, y que no ha sido capaz de volver a bailar otra vez, se ha perdido algo importante, algo muy hermoso. El catarro hubiera valido la pena, y no es seguro que se hubiera pillado un catarro. De hecho, cuanto más lo proteges, más vulnerable se vuelve. Cuanto más le permites, más inmune se hace.

Los padres tienen que aprender a decir sí. En el 99 por 100 de los casos, cuando normalmente dicen que no, lo hacen simplemente para mostrar su autoridad. No todo el mundo puede ser el presidente de un país o puede ejercer su autoridad sobre millones de personas. Pero todo el mundo puede convertirse en un marido, puede ejercer su autoridad sobre su esposa; todas las mujeres pueden ser madre, puede tener autoridad sobre su hijo; todos los niños pueden tener un osito de peluche, y tener autoridad sobre su osito de peluche..., llevarle de un lado a otro a patadas, darle unas buenas bofetadas, las mismas que le gustaría dar a su madre o a su padre. Y el pobre osito de peluche no tiene a nadie por debajo.

Esta es una sociedad autoritaria.

Lo que estoy diciendo es que creando niños que tengan libertad, que han oído «sí» y que raramente han oído «no», la sociedad autoritaria desaparecerá. Tendremos una sociedad más humana.

De modo que no se trata sólo de los niños. Esos niños se van a convertir en la sociedad del mañana: el niño es el padre del hombre.

Los círculos de siete años de la vida

Tendrás que entender algunas pautas significativas en el crecimiento. La vida tiene círculos de siete años: funciona en círculos de siete años al igual que la Tierra efectúa una rotación sobre su eje cada veinticuatro horas. Nadie sabe por qué no son veinticinco o veintitrés. No hay forma de responder a esta cuestión; es sencillamente un hecho.

Y si entiendes estos círculos de siete años, entenderás muchísimo acerca del crecimiento humano.

Los primeros siete años son los más importantes porque es cuando se colocan los cimientos de la vida. Por eso todas las religiones se preocupan tanto por apropiarse cuanto antes de los niños.

Los judíos circuncidan a los niños. ¡Menuda tontería! Pero están marcando al niño como judío; ese es el modo primitivo de mar-

car. Todavía se lo hacéis al ganado por aquí; he visto las marcas. Todos los propietarios marcan su ganado; si no, se podrían confundir.
Es algo cruel. Se tiene que usar un acero al rojo vivo para marcar
el cuero de la piel; quema la piel. Entonces se convierte en tu propiedad; no se puede perder, no te lo pueden robar.

¿Qué es la circuncisión? Marcar el ganado. Pero ese ganado son
los judíos.

Los hindúes tienen su propio estilo. Cada religión tiene su manera propia. Pero se tiene que saber a qué rebaño perteneces, quién
es tu pastor: ¿Jesús? ¿Moisés? ¿Mahoma? Tú no eres tu propio
maestro.

Esos siete primeros años son los años en los que eres condicionado, atiborrado con todo tipo de ideas que te perseguirán durante toda tu vida, que te distraerán de tu potencialidad, que te co-
rromperán, que nunca te permitirán ver con claridad. Siempre
aparecerán como nubes delante de tus ojos, lo confundirán todo.

Todo está claro, muy claro –la existencia es absolutamente clara–, pero tus ojos están cubiertos por capas y más capas de polvo.

Y todo ese polvo ha sido dispuesto en los primeros siete años de
tu vida, cuando eras tan inocente, tan confiado, que aceptabas
como una verdad todo lo que te decían. Y más adelante será muy
difícil que distingas todo lo que se ha metido en tus cimientos: se
ha convertido en parte de tu sangre, tus huesos, tu tuétano. Harás
mil preguntas pero nunca cuestionarás los cimientos básicos de
tus creencias.

La primera expresión de amor hacia el niño es permitirle, en los
siete primeros años, ser absolutamente inocente, sin condicionarle, dejándole completamente salvaje, pagano.

Si hasta los siete primeros años se le permite al niño ser inocente, no corrompido por las ideas de los demás, entonces resulta
imposible distraerle de su potencial para el crecimiento. Los primeros siete años de la vida del niño son los más vulnerables. Y están en manos de los padres, los profesores, los sacerdotes...

Si tienes un hijo, protégelo de ti mismo. Protege a tu hijo de
quienes puedan influir en él; por lo menos, hasta los siete años protégelo.

El niño es como una pequeña planta, frágil, delicado: basta un golpe de viento para que sea destruido, cualquier animal se lo puede comer. Colocas un alambre protector a su alrededor, pero no para aprisionarlo, sino para protegerlo. Cuando la planta crezca, se quitarán los alambres.

Protege al niño de todo tipo de influencia de modo que pueda seguir siendo el mismo; y sólo se trata de siete años, porque entonces se habrá completado el primer círculo. Cuando tenga siete años estará bien afianzado, centrado, suficientemente fuerte.

No sabes lo fuerte que puede ser un niño de siete años porque nunca has visto niños sin corromper, sólo has visto niños corrompidos. Cargan con los miedos, las cobardías de sus padres, de sus madres, de sus familias. No son ellos mismos.

Si un niño permanece sin corromper durante siete años... Te sorprenderás cuando te encuentres con un niño así. Su inteligencia cortará como una espada. Sus ojos estarán claros, su visión será muy clara. Y verás en él una fuerza tremenda que no podrás encontrar ni en un adulto de setenta años, porque sus cimientos no son sólidos. De hecho, cuanto más alto se va haciendo el edificio, más inestable es.

Si eres padre, necesitarás mucho valor para no interferir. Ábrele al niño puertas a lo desconocido para que pueda explorarlo. No sabe qué hay en su interior, nadie lo sabe. Tiene que tantear en la oscuridad. No le inculques el miedo a la oscuridad, no le inculques el miedo al fracaso, no le inculques el miedo a lo desconocido. Préstale tu ayuda. Cuando emprenda un viaje a lo desconocido, despídele con todo tu apoyo, con todo tu amor, con todas tus bendiciones.

No dejes que tus miedos le afecten.

Podrías tener miedos pero, en ese caso, guárdatelos para ti. No descargues tus miedos en el niño, porque serán una interferencia.

Y después de siete años, el siguiente círculo de los siete a los catorce es una nueva suma a la vida: los primeros atisbos de la energía sexual en el niño. Pero sólo son una especie de ensayo.

Ahora que el niño empieza a hacer sus primeros ensayos sexuales, es el momento en el que más interfieren los padres, porque a ellos, a su vez, les interfirieron. Sólo conocen lo que les han hecho a ellos, de modo que continúan haciendo lo mismo a sus hijos.

La sociedad no permite el ensayo sexual, por lo menos no lo ha permitido hasta este siglo, y sólo desde hace dos o tres décadas y en países muy avanzados. Ahora los niños reciben una educación mixta. Pero en países como la India, actualmente la coeducación comienza sólo a nivel universitario.

El niño y la niña de siete años no pueden estar internos en el mismo colegio. Y este es el momento –sin riesgos, sin que la niña se quede embarazada, sin que se origine ningún problema para las familias– en el que se les deberían permitir todos los juegos.

Sí, tendrá una connotación sexual, pero sólo será un ensayo; no será la verdadera función. Y si ni siquiera les dejas ensayar, de repente un día se levanta el telón y empieza la función… Y estas gentes no saben qué está sucediendo; ni siquiera hay un apuntador para decirles qué tienen que hacer. Has echado su vida a perder por completo.

Esos siete años, el segundo círculo de su vida, son importantes como ensayo. Se encontrarán, se mezclarán, jugarán, se familiarizarán. Y esto ayudará a que la humanidad abandone el 90 por 100 de las perversiones.

Si a los niños de los siete a los catorce años se les permite estar juntos, nadar juntos, estar desnudos unos delante de los otros, el 99 por 100 de las perversiones y el 99 por 100 de la pornografía sencillamente desaparecerán. ¿A quién le interesará?

Cuando un niño ha visto a muchas niñas desnudas, ¿qué interés puede tener para él una revista como *Playboy?* Cuando una niña ha visto a muchos niños desnudos, no puedo ver que exista posibilidad alguna de que tenga curiosidad por el otro; sencillamente, desaparecerá. Crecerán juntos naturalmente, no como dos especies de animales diferentes.

Ahora es así como crecen: como dos especies de animales diferentes. No pertenecen a un mismo género humano; se les mantiene separados. Se crean entre ellos mil y una barreras para que no puedan ensayar la vida sexual que va a comenzar.

Pero esta forma de educar a los niños está destrozando toda su vida. Esos siete años de ensayo sexual son absolutamente esenciales. Niñas y niños deben de estar juntos en las escuelas, en las residencias, en las piscinas y en las camas. Deben de ensayar la vida que va a comenzar; tienen que prepararse. Y no hay peligro, no hay ningún problema si a un niño se le da total libertad sobre su creciente energía sexual y no es censurado, reprimido; que es lo que se está haciendo ahora.

Estás viviendo en un mundo muy extraño. Naces del sexo, vives para el sexo, tus hijos nacerán a través del sexo, y el sexo es lo que más se condena, es un pecado. Y todas las religiones siguen metiéndote esa basura en la cabeza.

Estas personas alrededor del mundo están llenas de todo lo podrido que te puedas imaginar, por la sencilla razón de que no se les ha permitido crecer de un modo natural. No se les ha permitido aceptarse a sí mismos. Se han convertido todos en fantasmas. No son gentes auténticas ni reales, sólo son sombras de lo que podían haber sido; son sólo sombras.

El segundo círculo de siete años es tremendamente importante porque te preparará para los siete años siguientes. Si has hecho bien los deberes, si has jugado con tu energía sexual con espíritu deportivo –y en ese momento, ese es el único espíritu que tendrás–, no te convertirás en un pervertido, en un homosexual.

No te vendrán a la mente todo tipo de ideas extrañas porque te estás relacionando con el otro sexo de un modo natural, el otro sexo se está relacionando contigo de un modo natural; no hay barreras, y no estás haciendo daño a nadie. Tu conciencia es clara porque nadie ha puesto ahí ningún concepto de lo que está bien, de lo que está mal: estás siendo sencillamente aquello que eres.

Entonces, de los catorce a los veintiuno tu sexualidad madura. Es importante entender esto: si los ensayos han ido bien, durante los siete años en los que tu sexualidad madura sucede una cosa muy extraña sobre la que podrías no haber pensado, porque no te han dado la oportunidad. Ya te he dicho que el segundo período de siete años, de los siete a los catorce, te da un vislumbre de los preámbulos del acto sexual. El tercer período de siete años te da un vislumbre de los juegos posteriores al acto sexual. Todavía estás con chicos y chicas, pero se inicia una nueva fase en tu ser: empiezas a enamorarte.

Todavía no es un interés biológico. No estás interesado en tener niños, no estás interesado en convertirte en marido y mujer, no. Estos son los años del juego romántico. Estás más interesado en la belleza, en el amor, en la poesía, en la escultura, que son todas diferentes fases del romanticismo. Y a menos que un hombre tenga alguna cualidad romántica, nunca conocerá lo que son los juegos ulteriores. El sexo está justo en el medio.

Cuanto más duren los preámbulos, mayor es la posibilidad de alcanzar el clímax; cuanto mayor es la posibilidad de alcanzar el clímax, mejor inicio para los juegos posteriores. Y a menos que una pareja conozca ese espacio, nunca sabrá lo que es el sexo en su totalidad.

En este momento hay sexólogos que están enseñando los preámbulos del acto sexual. Un preámbulo enseñado no es real, pero lo están enseñando. Por lo menos han reconocido el hecho de que el sexo sin preámbulos no puede alcanzar el clímax. Pero están perdidos sobre cómo enseñar los juegos ulteriores porque cuando una persona ha alcanzado el clímax deja de estar interesada: ha acabado, el trabajo está hecho. Para eso se necesita una mente romántica, una mente poética, una mente que sabe cómo dar las gracias, cómo ser agradecida.

La persona, la mujer o el hombre que te ha llevado al clímax, necesita algo de gratitud; los juegos ulteriores son tu agradecimiento. Y el acto sexual está incompleto a menos que haya juegos posteriores; el acto sexual incompleto es la causa de todos los problemas por los que atraviesa el hombre.

El sexo puede convertirse en orgásmico sólo cuando los juegos ulteriores y los preámbulos están completamente equilibrados. El clímax se convierte en un orgasmo sólo si éstos están en equilibrio.

Y hay que entender la palabra «orgasmo».

Quiere decir que todo tu ser –cuerpo, mente, espíritu, todo– se involucra, se involucra orgánicamente.

Entonces se convierte en un momento de meditación.

Para mí, si tu sexo no se convierte finalmente en un momento de meditación, no has conocido lo que es el sexo. Solamente has oído hablar, has leído sobre ello; y la gente que ha escrito sobre ello no sabe nada sobre sexo.

He leído cientos de libros sobre sexología de personas a las que se considera grandes expertos, y son expertos, pero no tienen ni idea del templo interior donde florece la meditación. Así como los niños nacen a través del sexo ordinario, la meditación nace del sexo extraordinario.

Los animales pueden tener hijos; no hay nada especial en ello. Sólo el hombre puede tener la experiencia de la meditación como centro de su sentimiento orgásmico. Eso sólo es posible si a la gente joven, de los catorce a los veintiún años, se le permite tener una libertad romántica.

De los veintiuno a los veintiocho años es el momento para poder asentarse. Pueden escoger una pareja. Y en ese momento ya son capaces de elegir; a través de toda la experiencia de los dos círculos pasados pueden elegir la pareja correcta. Nadie más lo puede hacer por ti. Es más parecido a una corazonada; no es aritmética, no es astrología, no es lectura de manos, no es I Ching, nada de esto servirá.

Es una corazonada: entrando en contacto con mucha gente, de repente algo encaja que no había encajado con nadie más. Y encaja con tanta seguridad y tan absolutamente que ni siquiera puedes dudar. Incluso si tratas de dudar, no puedes, la seguridad es enorme. En ese instante te asientas.

Si todo va tan suavemente del modo que te estoy diciendo, sin interferencias de los demás, entonces, en algún momento entre los veintiuno y los veintiocho años, te asientas. Y el período más agradable de la vida empieza de los veintiocho a los treinta y cinco años —el más alegre, el más pacífico y armonioso—, porque dos personas comienzan a disolverse y fundirse el uno con el otro.

*Lo que encuentro realmente sorprendente acerca de
tu infancia es que parece que tienes una comprensión
intrínseca de que la interpretación de la realidad de
tus padres, y tu experiencia de la realidad, eran a menudo dos cosas diferentes. Te agradecería que lo co-
mentaras*

Todos los niños entienden que ven el mundo de un modo distinto al de sus padres. En lo que se refiere a ver, es totalmente cierto. Él tiene otros valores. Si está recogiendo caracolas en la playa
el padre le dirá: «Tíralas. ¿Por qué malgastas tu tiempo?» Y para él
eran muy bonitas. Puede ver la diferencia; puede ver que ellos tienen otros valores. Los padres van detrás del dinero, él quiere cazar
mariposas. No puede comprender por qué tienes tanto interés en
el dinero; ¿qué vas a hacer con él? Sus padres no pueden comprender qué va a hacer él con esas mariposas, o con esas flores

Todo niño aprende que hay diferencias. La única cuestión es: le
da miedo declarar que está en lo cierto. Y en lo que a él respecta,
habría que dejarlo solo. Es cuestión unicamente de un poco de valentía, que tampoco falta en los niños. Pero el conjunto de la sociedad está tan manipulado que incluso una cualidad tan hermosa
como la valentía es censurada en el niño.

No estaba dispuesto a postrarme ante una estatua de piedra en
el templo. Y les dije: «Si queréis me podéis obligar. Sois más fuertes que yo. Yo soy pequeño; me podéis obligar, pero enteraos de que
estáis haciendo algo feo. No será mi oración, e incluso destruirá la
vuestra, porque estáis ejerciendo violencia sobre un niño que no
puede resistirse físicamente.»

Un día, mientras estaban rezando en el interior del templo, me
subí a lo más alto de éste, lo que era muy peligroso. Allí sólo se su-
bía un pintor una vez al año, y yo le había visto y me fijé cómo lo
hacía. Había colocado clavos por la parte de atrás que le servían de
escalones. Le seguí y me senté en lo alto del templo. Cuando salie-
ron me vieron allí sentado y me dijeron:

—¿Qué estás haciendo ahí? En primer lugar, ¿te quieres suicidar?

—No —les dije—, simplemente quiero que os deis cuenta que, si me obligáis, puedo hacer cualquier cosa que esté a mi alcance. Esa es la respuesta. Esa es la respuesta, para que os acordéis de que no me podéis obligar a hacer lo que queráis.

Me suplicaron:

—Estate quieto. Buscaremos a alguien para que te baje.

Les dije:

—No os preocupéis. Si he podido subir, podré bajar.

No tenían ni idea de la existencia de esos clavos. Había estado observando atentamente al pintor, cómo se las arreglaba, porque nadie se lo podía imaginar; el pintor era realmente bueno. Estaba pintando todos los templos.

Bajé.

—Nunca te obligaremos a nada, pero ¡no hagas estas cosas! Te podías haber matado —me dijeron.

—La responsabilidad hubiera sido vuestra —les respondí.

El asunto no es que los niños no tengan inteligencia. El asunto es que no usan su capacidad de hacerse valer porque todo el mundo les censura. Ahora bien, todo el mundo censuró a mi familia porque me había subido a lo alto del templo; eso quiere decir más allá de su dios. Eso era insultar a su dios.

Tuvieron una reunión con toda la familia:

—Dejadlo solo; es muy peligroso.

¡Eso fue lo último...! Se quedaron callados; nunca me volvieron a decir que fuese al templo. Nunca volví al templo. Poco a poco aprendieron una cosa, que no soy peligroso, pero que no debían ponerme contra las cuerdas.

Un niño tiene que hacerse valer, eso es lo único. ¿Y qué tiene que perder? Pero los niños son muy dependientes, y no veo por qué tienen que ser tan dependientes. Me dijeron muchas veces:

—Dejaremos de alimentarte.

—Hacedlo —les dije—. Puedo empezar a mendigar en esta misma ciudad. Tengo que sobrevivir, tengo que hacer algo. Podéis dejar de alimentarme, pero no podéis impedirme que mendigue. Mendigar es un derecho de nacimiento.

No hay ninguna diferencia en cuanto a la inteligencia, pero veo diferencias a la hora de hacerse valer porque los niños que son obedientes son respetados.

Un día mi padre me dijo:

—Tienes que estar de vuelta en casa antes de las nueve de la noche.

—Si no vengo, ¿qué? —pregunté.

—Las puertas estarán cerradas —dijo él.

—Entonces, mantenlas cerradas —respondí—. Ni siquiera llamaré a tu puerta, y no voy a venir antes de las nueve. Me sentaré fuera y ¡se lo diré a todo el mundo! Todo el que pase me preguntará: «¿Por qué estás sentado a oscuras en esta noche fría?» Y les contestaré: «Esta es la situación…»

Me dijo:

—Eso quiere decir que me vas a crear problemas.

Le dije:

—No los estoy creando. Tú estás dictando esta orden. Nunca pensé en ella, pero cuando dices «Las nueve es la hora límite», entonces no puedo venir antes de las nueve. Va sencillamente en contra de mi inteligencia. Y no estoy haciendo nada; estaré sencillamente esperando afuera. Y si alguien me pregunta: «¿Por qué estás sentado…?» Y va a preguntar cualquiera. Si estás sentado en la calle, todo el mundo que pase va a preguntar: «¿Por qué estás sentado aquí en el frío?» Entonces tendré que explicar: «Esta es la situación…»

—Olvídate de la hora límite. Vuelve cuando quieras —me dijo.

—No voy a llamar a la puerta —le dije—. Las puertas tienen que permanecer abiertas. ¿Por qué habría que cerrar las puertas sólo para molestarme? No hay ninguna razón para cerrar las puertas.

En la parte de la India de donde soy, la ciudad está despierta hasta las doce, porque hace tanto calor que sólo empieza a refrescar después de las doce. Por eso las gentes siguen despiertas, el trabajo continúa. Durante el día hace tanto calor que suelen descansar y trabajar por la noche.

—No hay motivo para cerrar las puertas cuando estás sentado dentro trabajando —le dije—. Deja las puertas abiertas. ¿Por qué tengo que llamar?

—De acuerdo —me dijo—, las puertas se quedarán abiertas. Ha sido culpa mía decirte: «Vuelve antes de las nueve», porque todo el mundo vuelve antes de las nueve.

—Yo no soy todo el mundo —le contesté—. Si les va bien a ellos volver antes de las nueve pueden hacerlo. Si a mí me va bien, vendré. Pero no coartes mi libertad, no destruyas mi individualidad. Déjame ser yo mismo.

Simplemente, es una cuestión de hacerte valer a ti mismo en contra de quien tiene poder. Pero tú tienes poderes sutiles que puedes usar en su contra. Por ejemplo, si dijese: «Simplemente me sentaré en la carretera.» También estoy usando mi poder. Si me siento en lo más alto del templo, también estoy usando mi poder. Si me pueden amenazar, yo también puedo amenazarlos. Pero los niños simplemente obedecen sólo para ser respetables, sólo para ser obedientes, sólo para estar en el camino correcto. Y el camino correcto quiere decir cualquier cosa que los padres les hayan enseñado.

Tienes razón, yo era un poco diferente. Pero no creo que sea ninguna superioridad, sólo un poco de diferencia. Y una vez que aprendí el arte, entonces lo refiné. Una vez que supe cómo luchar con la gente que tiene poder —y tú no lo tienes—, entonces lo refiné, y me las arreglé perfectamente bien. Siempre encontré alguna manera. Y siempre se sorprendían porque pensaban: «Ahora ya no podrá hacer nada en contra de esto», porque siempre estaban pensando racionalmente.

No soy devoto de la razón.

Mi devoción se dirige principalmente a la libertad.

Los medios por los que se alcanza no importan. Todos los medios son válidos si te dan libertad, si te dan individualidad, si no eres esclavizado. A los niños simplemente no se les ocurre. Creen que sus padres están haciéndolo todo por su bien.

Yo siempre les dejé en claro: «No sospecho de vuestras intenciones, y espero que vosotros tampoco sospechéis de las mías. Pero hay cosas en las que no estamos de acuerdo. ¿Queréis que esté de acuerdo con vosotros en todo, tengáis o no razón? ¿Estáis absolutamente seguros de que estáis en lo cierto? Si no estáis absolutamente seguros, entonces dadme la libertad de poder decidir. Por lo menos tendré el placer de equivocarme por decisión propia y no os haré sentiros culpables y responsables.»

Sólo hay que estar atento a una cosa: los padres no pueden hacer nada de lo que dicen. No pueden hacerte daño, no te pueden matar, sólo pueden amenazarte. Una vez que sabes que sólo pueden amenazarte, sus amenazas te dan igual; tú también puedes amenazarlos. Y los puedes amenazar de tal manera que tendrán que aceptar tu derecho a escoger lo que quieres hacer.

De modo que hay diferencias, pero no hay nada que sea especial o superior. Cualquier niño puede aprender; todos pueden hacer lo mismo, porque también he intentado eso, incluso en mi infancia. Los estudiantes estaban asombrados: yo acosaba a los profesores, acosaba al director, y a pesar de eso no podían hacer nada contra mí. Y si hacían algo malo en mi contra, inmediatamente se encontraban metidos en problemas. Empezaron a preguntarme:

–¿Cuál es tu secreto?

–No hay ningún secreto –les dije–. Tenéis que ver claramente que estáis en lo cierto y que tenéis una razón para apoyarlo. Entonces cualquiera que esté en contra, veréis. No importa si es un profesor o si es el director.

Uno de mis profesores llegó a la oficina del director lleno de rabia y me multó con diez rupias por mi mal comportamiento. Mientras me estaba multando, simplemente fui detrás de él y me quedé de pie a su lado. En cuanto se alejó le puse una multa de veinte rupias por su mal comportamiento con la misma pluma.

–¿Qué estás haciendo? –me dijo–. Ese registro es para que los profesores multen a los alumnos.

–¿En dónde está escrito? –le pregunté–. En este registro no está escrito en ningún lugar que sólo los profesores puedan multar a los estudiantes. Yo creo que este registro es para multar a cualquiera que deje de comportarse. Me gustaría ver si es que está escrito en cualquier otro lugar.

Mientras tanto llegó el director. Y dijo:

–¿Cuál es el problema?

–Acaba de estropear el registro –respondió el profesor–. Me ha puesto una multa de veinte rupias por mal comportamiento.

—Eso no está bien —dijo el director.

—¿Tiene algún documento por escrito que diga que un estudiante no puede multar a su profesor, incluso si el profesor no se está comportando? —le dije.

—Este es un asunto complicado —respondio el director—. No tenemos ningún documento. El que los profesores castiguen es sólo una convención.

—Hay que cambiar esto —le dije—. El castigo es perfectamente correcto, pero no debe de serlo en un solo sentido. Sólo pagaré diez rupias si este hombre paga veinte rupias—. Como el director no pudo pedirle a él veinte rupias, él no pudo pedirme aquellas diez rupias, y ¡la multa está todavía allí! Cuando después de unos años visité la escuela, me la enseñó:

—Tu multa todavía está allí.

—Déjala ahí para que otros estudiantes la puedan ver —le dije.

¡Uno solo, por sí mismo, tiene que encontrar las maneras…!

Por eso debe de haber alguna diferencia, pero no es superioridad. Sólo se trata de usar tu valentía, tu inteligencia, y arriesgar. ¿Cuál es el peligro? ¿Qué podían haber destruido esas personas? Cómo máximo me podrían haber suspendido en su clase —de lo que estaban asustados, porque eso habría representado tenerme otra vez en su clase el siguiente año—, de modo que todo era realmente favorable para mí. Querían librarse de mí lo más rápidamente posible. Ese era el único poder en manos de los profesores, suspender al estudiante.

Se lo dejé en claro a cada profesor:

—Me puedes suspender, no me importa. No me importa si me cuesta dos o tres años pasar de curso. Esta vida es tan inútil que en algún lugar tengo que pasarla. Puedo pasarme toda mi vida en este colegio, pero haré que tu vida sea un infierno, porque en cuanto desaparece el miedo al fracaso puedo hacer cualquier cosa.

Por eso hasta los profesores que estaban en mi contra me daban más nota de la que me correspondía, sólo para ayudarme a pasar de curso y así dejar de ser una carga para ellos.

Si los padres aman de verdad al niño, le ayudarán a ser valiente; valiente incluso en contra de ellos mismos. Le ayudarán a ser valiente en contra de los profesores, en contra de la sociedad, en contra de cualquiera que vaya a destruir su individualidad.

Y esto es lo que quiero decir: la nueva mente tendrá diferentes cualidades. A los niños nacidos bajo la nueva mente y al nuevo hombre no se les tratará de la misma manera que han sido tratados a lo largo de los siglos. Se les animará a ser ellos mismos, a afirmarse, a tener más respeto por sí mismos. Y esto cambiará toda la cualidad de su vida. La hará más brillante, más viva, más sabrosa.

La familia ha sido el pilar básico de la sociedad durante miles de años; a pesar de todo, dudas de su validez. ¿Qué es lo que sugieres para reemplazarla?

El hombre ha superado a la familia. La utilidad de la familia ha terminado; ha durado demasiado. Es una de las instituciones más antiguas, por eso sólo la gente más receptiva puede ver que ya ha muerto. A los demás les llevará tiempo reconocer el hecho de que la familia ha muerto.

Ha cumplido su misión. En el nuevo contexto de las cosas ha dejado de ser relevante; para la nueva humanidad que está naciendo ahora ha dejado de serlo.

La familia ha sido buena y mala. Ha sido una ayuda –a través de ella el hombre ha sobrevivido– y ha sido muy dañina porque ha corrompido la mente humana. Pero en el pasado no había otra alternativa, no había manera de escoger otra cosa. Fue un mal necesario. En el futuro eso no tiene que ser así. En el futuro puede haber estilos alternativos.

Mi idea es que en el futuro no va a haber un modelo fijo, habrá muchos estilos alternativos. Si algunas personas siguen escogiendo tener una familia, deberían tener la libertad de hacerlo. Será un porcentaje muy pequeño. Hay familias en la Tierra –muy pocas, no más de un 1 por 100– que son bellas de verdad, que son beneficiosas de verdad, en las que hay crecimiento; en las que no hay autoridad, no hay un viaje de poder, no existe la posesión; en las que no se destruye a los niños, en las que la mujer no está tratando de destruir al marido y el marido no está tratando de destruir a la mujer; donde existe el amor y existe la libertad; donde las personas se han reunido por alegría, no por otros motivos; donde no hay políticas. Sí, ese tipo de familias han existido en la Tierra; todavía existen. A esa gente no le hace falta cambiar. En el futuro pueden continuar viviendo en familia.

Pero para la gran mayoría, la familia es algo desagradable. Puedes preguntar a los psicoanalistas y te dirán:

—En la familia surgen todo tipo de enfermedades mentales. De la familia surgen todo tipo de psicosis y neurosis. La familia crea un ser humano muy enfermo.

No es necesaria; los estilos alternativos deberían ser posibles. Para mí, un estilo alternativo es la comuna; es el mejor.

Una comuna significa personas que viven en una familia líquida. Los niños pertenecen a la comuna, pertenecen a todo el mundo. No existe la propiedad privada, no hay un ego personal. Un hombre vive con una mujer porque les apetece vivir juntos, porque lo están deseando, lo disfrutan. En el momento en que sienten que el amor ha dejado de existir, no se aferran el uno al otro. Se despiden con gratitud, con toda su amistad. Empiezan a relacionarse con otras personas. En el pasado el único problema era: ¿qué hacer con los niños? En una comuna, los niños pueden pertenecer a la comuna, y eso sería mucho mejor. Tendrán más oportunidades de crecer con muchos otros tipos de personas. De lo contrario, el niño crece con la madre. Durante años, la madre y el padre son para él las dos únicas imágenes de seres humanos. Naturalmente, empieza a imitarles. Los niños se convierten en imitadores de sus padres y perpetúan en el mundo, del mismo modo que hicieron sus padres, el mismo tipo de enfermedad. Se convierten en copias exactas. Es muy destructivo. Y no hay manera de que los niños puedan hacer otra cosa, no tienen otra fuente de información.

Si en una comuna viven juntas cien personas, habrá muchos hombres y muchas mujeres; no hace falta que el niño se quede fijado y obsesionado con un único patrón de vida. Puede aprender de su padre, puede aprender de sus tíos, puede aprender de todos los hombres de la comunidad. Tendrá un espíritu más amplio.

La familia aplasta a las personas y les da unos espíritus pequeños. El niño tendrá en la comunidad un espíritu más grande, tendrá más posibilidades, su ser se enriquecerá mucho más. Verá muchas mujeres; no tendrá una única idea de mujer. Tener un solo modelo de mujer es muy destructivo, porque a lo largo de toda tu vida seguirás buscando a tu madre. Siempre que te enamores de una mujer, ¡observa! Existen todas las posibilidades de que hayas encontrado a alguien parecido a tu madre, y quizá fuera eso lo que tenías que haber evitado.

Todos los niños están enfadados con su madre. La madre le ha prohibido muchas cosas, la madre tiene que decir no, es inevitable. Hasta una buena madre algunas veces tiene que decir que no y restringir y negarse. El niño siente rabia, enfado. Odia a su madre y también la ama, porque representa su supervivencia, su fuente de vida y energía. O sea que odia a la madre, y la ama al mismo tiempo. Y eso se convierte en el patrón. Amarás a una mujer y la odiarás al mismo tiempo. Y no tienes posibilidad de hacer otra elección. Siempre seguirás buscando inconscientemente a tu madre. Y esto también les pasa a las mujeres, van buscando a su padre. Toda su vida es la búsqueda para encontrar a su papá en su marido.

Pero tu papá no es la única persona en el mundo; el mundo es mucho más rico. Y, de hecho, si puedes encontrar a tu papá no serás feliz. Podrás ser feliz con tu amado, con un amante, no con tu papá. Si encuentras a tu madre no serás feliz con ella. Ya la conoces, no tienes nada que explorar. Ya es familiar y los lazos de familiaridad te hartan. Debes buscar algo nuevo, pero no tienes ninguna imagen.

En una comuna un niño tendrá un espíritu más rico. Conocerá a muchas mujeres, conocerá a muchos hombres; no será adicto a una o dos personas.

La familia crea en ti una obsesión que va en contra de la humanidad. Si tu padre está luchando con alguien y tú ves que está equivocado, da igual, tienes que estar del lado de tu padre. Es como cuando la gente dice: «Bueno o malo, ¡mi país es mi país!» Por eso dicen: «Mi padre es mi padre, bueno o malo. Mi madre es mi madre, tengo que estar con ella.» Si no, será una traición.

Te enseña a ser injusto. Puedes ver que tu madre está equivocada y está luchando con el vecino y el vecino tiene razón, pero tienes que estar del lado de tu madre. Eso es aprender una vida injusta.

En una comuna no estarás demasiado aferrado a una familia, no habrá una familia a la que estar aferrado. Serás más libre, estarás menos obsesionado; serás más justo. Y recibirás amor de muchos lugares; sentirás que la vida es amorosa. La familia te enseña un tipo de conflicto con la sociedad, con otras familias. La familia te exige el monopolio; te pide estar de su lado y contra todos. Tienes que estar al servicio de la familia. Tienes que seguir luchando por el buen nombre y la fama de la familia. La familia te enseña ambición, conflicto, agresión. En una comuna serás menos agresivo, estarás más a gusto con el mundo porque has conocido a mucha gente.

Esto es lo que voy a crear aquí: una comuna, donde todos serán amigos. Hasta los maridos y sus esposas no deberían ser nada más que amigos. Su matrimonio sólo debería ser un acuerdo entre los dos: han decidido estar juntos porque juntos son felices. En el momento en que uno de ellos decide que empiezan a ser infelices, se separarán. No hace ninguna falta el divorcio. Como no hay matrimonio, no hay divorcio. Uno vive espontáneamente.

Cuando vives miserablemente, poco a poco te acostumbras a la miseria. Uno no debería tolerar jamás, ni por un solo momento, miseria alguna. Tal vez en el pasado haya estado bien y te haya llenado de gozo vivir con este hombre, pero si ya no te llena de gozo, tienes que salir de ahí. Y no hay necesidad de volverse destructivo y enfadarse, no hay necesidad de llenarte de rencor, porque con el amor no se puede hacer nada. El amor es como una brisa. De pronto viene. Si está ahí, está ahí. De pronto se ha ido. Y cuando se ha ido, se ha ido. El amor es un misterio, no puedes manipularlo. El amor no debería ser manipulado, el amor no debería ser legalizado, el amor no debería ser impuesto bajo ningún concepto.

En una comuna, las personas vivirán juntas por el puro placer de estar juntas, por ninguna otra razón. Y cuando la felicidad de-

saparece, se separan. Quizá sientan pena, pero tienen que separarse. Probablemente la nostalgia del pasado todavía se mantenga en
la mente, pero tienen que separarse. Se deben recíprocamente el
no vivir en la miseria, si no la miseria se convierte en un hábito. Se
separan con los corazones apesadumbrados, pero sin rencor. Buscarán nuevas parejas.

En el futuro no existirán ni los matrimonios ni los divorcios
como en el pasado. La vida tendrá una cualidad más líquida, más
confiada. Habrá más confianza en los misterios de la vida que
en las claridades de la ley, más confianza en la misma vida que en
cualquier otra cosa: la justicia, la policía, el sacerdote, la iglesia. Y
los niños deberían de pertenecer a todos, no tendrían que cargar
con los distintivos familiares. Pertenecerán a la comuna; la comuna se ocupará de ellos.

Este va a ser el paso más revolucionario de la historia de la humanidad: que la gente empiece a vivir en comunas y comience a
ser verdadera, honesta, confiada y vaya desechando las leyes cada
vez más.

En una familia, más pronto o más tarde, el amor desaparece.
Para empezar, tal vez no haya habido amor desde un principio.
Quizá haya sido un matrimonio acordado por otros motivos: por
dinero, poder, prestigio. Puede que no haya habido amor desde el
principio. Los niños nacen del matrimonio* que es más parecido a
una parálisis; los niños nacen de una falta de amor. Desde el principio son como desiertos. Y ese estado de falta de amor en las casas
los hace tontos, no amorosos. Aprenden la primera lección de la
vida de sus padres, y sus padres no son amorosos y constantemente hay celos, peleas y rabia. Y los niños siempre están viendo las caras más feas de sus padres.

Toda su esperanza es destruida. No pueden creer que el amor
vaya a aparecer en su vida si no ha aparecido en la de sus padres. Y
también ven otros padres, otras familias. Los niños son muy receptivos; están continuamente mirando a su alrededor y observando. Cuando ven que no hay posibilidad de amor, empiezan a sentir

---

* *Wedlock:* matrimonio, *deadlock:* parálisis. *(N. del T.)*

que el amor sólo existe en la poesía, sólo existe para los poetas, los visionarios; no tiene realidad en la vida. Y una vez que has aprendido el concepto de que el amor es sólo poesía, entonces nunca te sucederá porque te has cerrado a esa posibilidad.

Verlo suceder es la única manera de que dejes que te suceda más tarde en tu propia vida. Si ves a tu padre y a tu madre profundamente enamorados, un gran amor, cuidándose mutuamente, con compasión mutua, con respeto mutuo, habrás visto cómo ocurre el amor. Surge la esperanza. Cae una semilla en tu corazón y empieza a crecer. Sabes que te va a suceder a ti también.

Si no lo has visto, ¿cómo vas a creer que te va a suceder a ti? Si no les sucedió a tus padres, ¿cómo te va a suceder a ti? En realidad, vas a hacer todo lo posible para evitar que te ocurra, de lo contrario parecerá una traición a tus padres. Esto es lo que he observado en las gentes: las mujeres continúan diciendo en su subconsciente: «Mira mamá, estoy sufriendo tanto como tú sufriste.» Los chicos continúan diciéndose a sí mismos más tarde: «Papá, no te preocupes; mi vida ha sido tan miserable como la tuya. No te he superado. No te he traicionado. He seguido siendo una persona tan miserable como lo fuiste tú. Cargo la cadena, la tradición. Soy tu representante, papá, no te he traicionado. Mira, estoy haciendo lo mismo que tú solías hacerle a mi madre, estoy haciéndoselo a la madre de mis hijos. Y lo que tú solías hacerme a mí se lo estoy haciendo a mis hijos. Estoy educándolos de la misma manera que tú me educaste.»

Cada generación sigue entregando su neurosis a las nuevas personas que han venido a la Tierra. Y la sociedad persiste con toda su locura y su miseria.

No, ahora se necesita algo diferente. El hombre se ha hecho mayor de edad y la familia pertenece al pasado; en realidad, no tiene futuro. La comuna podrá sustituir a la familia y será mucho más beneficiosa.

Pero sólo la gente meditativa puede estar junta en una comuna. Sólo cuando sepáis como celebrar la vida podéis estar juntos; sólo cuando conozcáis el espacio que llamo meditación podréis estar juntos, podréis ser amorosos. Hay que abandonar la vieja tontería de monopolizar el amor, sólo entonces podrás vivir en una comuna. Si sigues cargando esas viejas ideas de monopolio –que tu mujer no debe ir de la mano con otro y que tu marido no debe reírse con nadie más–, si sigues cargando esas tonterías en tu cabeza, entonces no podrás formar parte de una comuna.

Si tu marido se está riendo con otra persona, está bien. Tu marido se está riendo, la risa siempre es buena, no importa con quién lo haga. La risa es buena, la risa es algo valioso. Si tu mujer va con otra persona de la mano… bien. El calor está fluyendo, el flujo de calor es bueno, es algo valioso. Con quien está sucediendo, es algo inmaterial. Y si le está sucediendo a tu mujer con mucha gente, le seguirá pasando contigo. Si le ha dejado de suceder con otra persona, entonces también dejará de sucederle contigo. ¡La vieja idea contraria es muy estúpida!

Es como si cada vez que tu marido sale, le dijeras: «No respires en ningún otro sitio. Cuando estés en casa puedes respirar lo que quieras, pero sólo puedes respirar cuando estés conmigo. Cuando estés fuera, contén la respiración, vuélvete un yogui. No quiero que respires en ningún otro sitio.» Esto parece una estupidez. Pero entonces, ¿por qué el amor no puede ser como respirar? El amor es respirar.

Respirar es la vida para el cuerpo y el amor es la vida para el alma. Es mucho más importante que respirar. Cuando tu marido sale, tú dejas bien en claro que no debe de reírse con nadie más, al menos con ninguna otra mujer. No debe ser cariñoso con nadie más. Por eso durante veintitrés horas él no es cariñoso; entonces, la hora que pasa contigo en la cama finge que te ama. Has matado su amor. Ha dejado de fluir. Si durante veintitrés horas seguidas tiene que ser un yogui, conteniendo su amor, asustado, ¿te crees que de repente se va a relajar una hora? Es imposible. Destrozas al hombre, destrozas a la mujer, y después estás harto, aburrido. Entonces empiezas a sentir: «¡No me ama!» Y eres tú quien ha originado todo este asunto. Y después él empieza a sentir que tú no le amas y que no eres tan feliz como antes.

Cuando las gentes se encuentran en la playa, cuando se encuentran en el jardín, cuando tienen una cita, nada es fijo y todo es líquido: unos y otros están felices. ¿Por qué? Porque son libres. Un pájaro volando es una cosa, el mismo pájaro dentro de una jaula es otra cosa. Son felices porque son libres.

El hombre no puede ser feliz sin libertad, y vuestra vieja estructura familiar ha destruido la libertad. Y como ha destruido la libertad, destruye la felicidad, destruye el amor. Ha sido una especie de medida de supervivencia. Sí, de alguna forma ha protegido el cuerpo pero ha destruido el espíritu. Ahora ya no es necesario. También tenemos que proteger el espíritu. Esto es mucho más esencial y más importante.

No existe un futuro para la familia, no en el mismo sentido que se ha entendido hasta ahora. Hay un futuro para el amor y las relaciones. «Esposo» y «esposa» se van a convertir en palabras feas y malsonantes.

Y siempre que monopolizas a un hombre o una mujer, naturalmente, también monopolizas a los niños. Estoy totalmente de acuerdo con Thomas Gordon. Él dice: «Creo que todos los padres son abusadores de niños en potencia, porque la forma básica de educar a sus hijos es a través del poder y la autoridad. Creo que es destructivo el que muchos padres tengan la idea: "Es mi hijo, puedo hacer lo que quiera con mi hijo." Tener esa idea es violento, es destructivo: "Es mi hijo y puedo hacer lo que quiera con él." Un niño no es un objeto, no es una silla, no es un coche. Tú no puedes hacer lo que quieras con él. Él viene a través de ti, pero no te pertenece. Pertenece a la existencia. Como mucho, eres su cuidador; no te vuelvas posesivo.»

La idea básica de la familia es la posesión –poseer propiedades, poseer a la mujer, poseer al hombre, poseer a los niños–, y la posesión es un veneno. Por eso estoy en contra de la familia. Pero no estoy diciendo que aquellos que sean realmente felices en sus familias –que fluyen, que están vivos, que son cariñosos– tengan que destruirlas. No, no hay necesidad. Su familia ya es una comuna, una pequeña comuna.

Y, por supuesto, cuanto más grande sea, la comuna será mucho mejor, con más posibilidades, más gente. Diferentes personas aportan diferentes canciones, diferentes personas aportan otros estilos de vida, diferentes personas traen diferentes respiraciones, diferentes brisas, diferentes personas traen diferentes rayos de luz; y los niños deben ser expuestos a tantos estilos de vida como sea posible, de modo que puedan escoger, de modo que tengan libertad para escoger.

Y se deben enriquecer conociendo a tantas mujeres que dejen de estar obsesionados con la cara de la madre o el estilo de la madre. Entonces serán capaces de amar a muchas más mujeres, a muchos más hombres. La vida será más una aventura.

La vida se puede convertir en un paraíso aquí y ahora. Hay que derribar las barreras. La familia es una de las barreras más grandes.

Consejos a los padres

Estoy muy preocupado con mi hija de seis años. Me
dice que es feliz, pero siento que no lo es; siento que
soy incapaz de hacerla feliz

PARECE que estás demasiado preocupado; estar demasiado preocupado puede ser peligroso. La idea de hacer feliz a alguien
nunca triunfa. Va en contra de las leyes. Cuando quieres hacer feliz a alguien, le haces infeliz. Porque la felicidad no es algo que se
le pueda dar a otra persona. Como mucho, puedes crear una situación en la que la felicidad podría florecer o podría no florecer; no
se puede hacer nada más.

Parece que estás demasiado preocupado por hacerla feliz, y te
sientes infeliz porque fracasas, y si eres infeliz ella será infeliz. Es
muy fácil hacer infeliz a alguien. La infelicidad es muy contagiosa,
es como una enfermedad. Si eres infeliz, todos los que están co-
nectados contigo, relacionados contigo, en especial los niños, se
sentirán muy infelices. Y los niños son muy sensitivos, muy frágiles.

Probablemente no dirás que eres infeliz, pero eso no cambia
nada; los niños son muy intuitivos, todavía no han perdido su intuición. Todavía tienen algo más profundo que el intelecto, que
siente las cosas inmediatamente.

El intelecto emplea un tiempo y siempre duda; nunca está seguro. Incluso si eres infeliz y una persona piensa en ti, nunca podrá estar absolutamente segura de si eres infeliz o estás fingiendo;
quizá sólo sea un hábito o quizá es que tu cara es así. El intelecto
nunca puede llegar a una conclusión que sea absoluta.

Pero la intuición es absoluta, incondicional, simplemente dice lo que pasa. Los niños son intuitivos y se relacionan de un modo muy sutil y telepático. No se fijan en tu aspecto; inmediatamente lo perciben.

Algunas veces sucede que la madre lo siente un poco más tarde, y el niño lo ha sentido incluso antes que la madre. La madre podría sentirse infeliz, pero todavía no se ha dado cuenta. Aún está llegando a su conciencia desde su inconsciente; pero desde el inconsciente hasta el niño hay un pasaje directo.

Para alcanzar tu consciente tendrá que atravesar muchas capas de condicionamiento, muchas capas de experiencias, intelecto, esto y aquello, y tendrá que pasar muchos censores. Esos censores cambiarán el mensaje, lo interpretarán de modos diferentes, le darán un color, y para cuando alcance tu consciente podría ser algo totalmente diferente de lo que era en un principio. Pero el niño tiene un acceso directo.

Hasta una determinada edad, los niños permanecen muy arraigados en ti y saben lo que te está pasando.

Relájate un poco. Déjale que se mezcle con otros niños, déjale que juegue, y deja de hablar en términos de felicidad o infelicidad.

En vez de eso, sé feliz. Viéndote feliz, ella se sentirá feliz. La felicidad no es algo que tengamos que buscar directamente: es un derivado. Los niños se quedan muy desconcertados cuando les preguntas: «¿Eres feliz?» De hecho, no saben cómo responder, ¡y yo siento que tienen razón! Cuando le preguntas a un niño «¿eres feliz?», sencillamente encoge los hombros…, porque ¿qué quieres decir?

El niño sólo es feliz cuando no es consciente de ello. Nadie puede ser feliz cuando es consciente de ello. La felicidad es algo muy sutil, que sólo sucede cuando estás totalmente inmerso en otra cosa.

El niño está jugando y es feliz porque, en esos momentos, no sabe nada de sí mismo: ¡ha desaparecido! La felicidad sólo existe cuando has desaparecido. Cuando regresas, la felicidad desaparece.

Un bailarín es feliz cuando aparece la danza y él desaparece. Un cantante es feliz cuando la canción es tan apabullante que el cantante desaparece. Un pintor es feliz cuando está pintando. Un niño es feliz cuando está jugando, quizá una tontería de juego, recogiendo caracolas en la orilla del mar, sin sentido, pero está completamente absorto.

¿Te has fijado en algún niño recogiendo caracolas o piedras? Fíjate en lo absorto que está…, fíjate en lo profundamente inmerso, en lo totalmente perdido que está. Y esa es la cualidad del éxtasis, la cualidad del asombro, la cualidad de toda experiencia religiosa. Todos los niños son religiosos, y todos los niños son felices a menos que los padres los hagan infelices.

Pero la felicidad no hay que buscarla directamente. Haz otra cosa y la felicidad te sigue como una sombra; es una consecuencia, no un resultado.

Aunque puedo ver lo que me hicieron mis padres, sigo haciéndole lo mismo a mi hijo. Muy a menudo, mis propias necesidades se cruzan en el camino de lo que él necesita. Me parece que soy incapaz de ayudarle

Hay que entender una cosa: que, normalmente, todo lo que te hicieron tus padres se convierte en un modelo grabado en ti. La única manera que conoces de estar con tu hijo es lo que tu madre te ha hecho a ti. De modo que es natural –no hay por qué preocuparse–, pero está bien que seas consciente de ello.

Y no trates de compensarlo; creo que eso es lo que estás tratando de hacer. Estás pensando que no eres bastante, no le estás dando suficiente amor, suficiente cuidado, pero todo lo que puedes dar, ¡lo puedes dar! ¿Cómo vas a dar más? Hazlo lo mejor que puedas, y si no puedes hacerlo mejor, no te deprimas, si no tu depresión perjudicará al niño.

Hazte consciente, eso es todo. Y cuando empieces a repetir algún viejo patrón, relájate, ¡no lo hagas!

Seguro que tienes algún ideal. Tu madre no ha alcanzado ese ideal; ahora tú tienes ese ideal y lo tienes que realizar con tu hijo…, y todos los idealismos son peligrosos.

Sé realista. No crees una ficción. Debes de estar viviendo en una ficción. Nunca vivas con un «debería». Vive con lo que es; esto es lo único que hay. Lo que es, es.

Sé tú mismo. ¡Acéptate! Todos estos «debería» son condenatorios. Así es como la gente se va de un extremo al otro.

En la generación anterior las madres solían pensar que estaban haciendo un gran sacrificio por sus hijos. Siempre estaban demostrando que hacían esto y aquello. Eso fue perjudicial, porque el amor no tiene que ser una obligación y no se debe hablar de ello. Amas porque te sientes feliz. No le estás haciendo nada al niño; estás haciendo algo porque te gusta hacerlo. El niño no te debe nada, no tiene que devolvértelo. Te gusta ser madre y le debes de estar agradecida al niño.

Pero la vieja generación no estaba agradecida al niño. Siempre esperaban que el niño estuviese agradecido, y cuando se daban cuenta de que no lo estaba, se sentían muy frustrados.

Ahora te has ido al otro extremo.

Sé natural, estos extremos no son buenos. En el pasado los hijos solían tener miedo de los padres, ahora los padres tienen miedo de los hijos, ¡pero el miedo continúa! La rueda se ha movido, pero es el mismo miedo, y una relación sólo puede existir cuando no hay miedo. El amor sólo es posible cuando no hay miedo.

Y una cosa para ti y para todo el mundo: la relación entre el niño y la madre es tal que nunca podrá ser perfecta, es imposible. Siempre habrá algún problema. Solucionas un problema y surge otro, por la misma naturaleza de la relación.

Ama al niño, y deja todo lo demás a la existencia. Tú eres un ser humano con todas las imperfecciones y limitaciones de un ser humano, y ¿qué le vas a hacer?

El niño te ha escogido para que seas su madre; no es sólo tu responsabilidad. El niño también es responsable. Existen muchas mujeres siempre dispuestas a recibir. Ella te ha escogido especialmente a ti, entonces no sólo eres responsable tú, también ella es responsable.

¡Simplemente, sé natural y feliz! Baila con el niño, ama al niño, abraza al niño.

No cargues con ningún ideal. No escuches a los expertos; esas son las personas más dañinas del mundo: los expertos. Escucha tu corazón. Si tienes ganas de abrazarlo, abrázalo. Si alguna vez sientes ganas de darle una torta, dásela. Y no te preocupes de lo que diga cualquier gran psicoanalista sobre no pegar al niño. ¿Quién es él para dominarte? ¿Quién le da derecho?

En ocasiones es bueno enfadarse. El niño o la niña tiene que aprender que su madre es un ser humano y que también puede enfadarse. Y si te enfadas, el niño también se sentirá libre de enfadarse. Si nunca te enfadas, el niño se sentirá culpable. ¿Cómo enfadarse con una madre tan dulce? Las madres han tratado de ser tan dulces que han perdido todo su sabor, se han vuelto como la sacarina…, provocan una diabetes artificial. No seas sólo dulce, sé amarga a veces, a veces dulce, según el humor que surja. Y deja que el niño se entere de que su madre tiene sus propios humores y climas; ella es tan ser humano como él.

*Desde que nació mi hija, a menudo me enfado mucho
con mi hijo de nueve años. Ya no le quiero tanto*

Haz una cosa: siempre que estés enfadado con él, ve a tu habitación y en vez de enfadarte con él, expresa tu rabia con un cojín, golpéalo, muérdelo. Pruébalo unas cuantas veces y te sorprenderás: cambiará tu relación con el niño.

En realidad, no se trata de amar o de no amar. Si no le amas, todavía es más esencial el no enfadarte con él. Si le amas, la rabia puede ser tolerada porque la compensas con amor; pero si no le amas, tu rabia es imperdonable. ¿Me sigues?

Si uno ama, entonces también se puede aceptar la rabia, porque tú lo compensarás: le amarás más después de la rabia, no habrá ningún problema y el niño lo entenderá. Pero si no lo amas y además estás enfadado, es algo realmente imperdonable.

Todo lo que necesitas es expresar la rabia. Se acumula en ti y él se ha convertido en una excusa: no encuentras a nadie más para echársela encima, de modo que se la echas a él. Los niños se convierten en chivos expiatorios porque están desvalidos. Te podrías haber enfadado con tu marido, pero él no está desvalido. Podrías haberte enfadado con tu padre, pero tampoco está desvalido. Toda esa rabia se ha acumulado; ahora es canalizada hacia ese niño desvalido.

O sea que durante un mes: siempre que te enfades con él, déjalo ahí, vete a tu habitación, golpea un cojín, lánzalo, muérdelo. En cinco minutos sentirás que tu rabia ha desaparecido, y después de la rabia sentirás que surje mucha compasión hacia el niño. Inténtalo durante un mes y después será muy sencillo. Durante un mes será un esfuerzo, porque la costumbre dirá: «Enfádate con el niño», y la mente dirá: «Esto es una tontería, una locura, enfadarse con un cojín.» Una vez que hayas descubierto su belleza –que nadie se hace daño–, se liberará la rabia, sentirás compasión por el niño y surgirá el amor.

Y cuando dices que no amas al niño, tu comprensión no está siendo exacta. Si no lo amaras tampoco te enfadarías tanto; son dos cosas que van a la vez.

El enfado no es nada más que amor vuelto del revés, un amor que se ha agriado, eso es todo. Hay que ponerlo cabeza arriba y se convierte en amor. Por eso la rabia y el odio no son realmente los opuestos del amor. El opuesto real del amor es la apatía, la indiferencia. Si no amas al niño, te será indiferente; ¿a quién le importa? Y mi sensación es que todo esto no tiene nada que ver con el niño; tiene algo que ver con tu marido, con tu padre, con tu madre.

Piensa en este niño: está padeciendo tu rabia sin ningún motivo. No puede permitirse el enfadarse contigo porque sabe que será derrotado, sufrirá más. Seguirá suprimiendo su rabia y esta rabia un día u otro la arrojará sobre alguien. Si puede encontrar a una mujer, la torturará. Pero si la mujer es poderosa, como son las mujeres, entonces no será capaz de torturar a su esposa; torturará a su hijo. Tendrá que encontrar una excusa en alguna parte, y tendrá que descargarla. Si no puede descargarla en el niño, en la esposa, entonces lo hará en los sirvientes o en la oficina; si él es el jefe, torturará a alguien que esté justo por debajo de él. Y esto no tiene justificación, porque realmente él te quería torturar a ti pero no pudo. Así es como son las cosas.

Así es como se transmite la rabia de generación en generación, el odio, los celos; se van acumulando todo tipo de venenos, y una generación los entrega como herencia a la siguiente generación.

Por eso, cada día que pasa la humanidad está más cargada. No se lo hagas a tu hijo porque arruinarás toda su vida, y él a ti no te ha hecho nada.

Inténtalo durante un mes y te sorprenderás: en sólo un mes cambiará todo el patrón.

Mi marido y yo tenemos un conflicto sobre cómo educar a nuestro hijo. Él quiere ser más estricto, y yo, más amorosa

Pues déjale hacer lo que quiera y tú haz lo tuyo; no hay ningún problema. El niño os necesita a los dos, porque así es la vida: si un niño sólo recibe amor, sufrirá; si sólo recibe severidad, sufrirá. Necesita ambos. Esa es la función de la madre y del padre: la madre debe darle amor para que el niño sepa que el amor existe, y el padre permanecer duro para que el niño sepa que la vida no es fácil. ¡Así es la vida!

Están las espinas y están las rosas, y el niño tiene que estar preparado para ambas. El mundo no va a ser una madre; el mundo va a ser una dura lucha. Por eso, si sólo le das amor no tendrá ninguna fortaleza. Cuando la vida se presente ahí de verdad simplemente colapsará, porque estará esperando a su madre, y ella no está allí; la vida no se preocupa de él. Entonces le estará agradecido a su padre porque la vida le pondrá en la puerta en muchas ocasiones, le gritará, y entonces sabrá que también podrá abordar esto; también está preparado para esto.

Hay que preparar al niño para ambos aspectos: suavidad y severidad, yin y yang. No importa en qué situación se encuentre, será capaz de responder. Si la vida es dura, él también puede ser duro; si la vida es amorosa, también puede ser amoroso; no tendrá ninguna fijación. Ahora bien, si es sólo su padre el que le está educando, se quedará fijo. Será una persona dura, será un alemán perfecto, pero jamás será capaz de amar y jamás será capaz de aceptar amor porque no sabrá lo que es el amor. Será un soldado, estará listo para luchar, para matar o morir. Esa será su única lógica, no conocerá nada más. Esto también es peligroso. Es lo que le ha sucedido a la nación alemana, es lo que ayudó a Adolf Hitler. Las dos guerras mundiales han demostrado que las madres alemanas no han sido todo lo amorosas que deberían, y que los padres alemanes han sido demasiado disciplinarios. Por esta razón, el mundo entero ha sufrido por culpa de Alemania.

Por eso, si al niño se le deja solo con él (su padre), cualquier día se convertirá en una víctima de cualquier Adolf Hitler; eso es peligroso. Si te lo dejan a ti, el niño se hará demasiado indio; por eso, siempre que haya una pelea se escapará, se rendirá; incluso antes de luchar ¡se rendirá! Será un esclavo.

De cualquiera de las maneras, él se quedará fijado, y una persona viva de verdad no tiene fijaciones. Es líquida: puede cambiar y ser dura cuando las circunstancias le requieren ser duro como el acero, y cuando las circunstancias sean tales que necesite ser como una rosa, suave y vulnerable, puede ablandarse.

Todo este abanico debería estar disponible en la conciencia del niño para que pueda moverse con facilidad. Por eso ambos están bien.

¿Cuáles son mis responsabilidades como padre? Me voy a separar de mi esposa y hemos acordado que los tres niños vivan conmigo, mientras que la niña vivirá con su madre

Tendrás mucho que hacer, porque cuando la madre no está tu responsabilidad se hace mayor, más grande. Tendrás que ser padre y madre. Pero de alguna manera puede ser un gran desafío y un crecimiento para ti.

Cuando sólo eres padre, tu ser más interno no está implicado, lo está sólo en la periferia. El padre es algo periférico. Es institucional, no es natural. Los padres sólo existen en las sociedades humanas; la sociedad los ha creado. No responden a un instinto natural; es sólo un condicionamiento. Cuando una mujer se convierte en madre, algo inmensamente importante le ha sucedido. Pero cuando un hombre se convierte en padre, no le ocurre demasiado.

Para una mujer es casi un nuevo nacimiento. No sólo nace el niño; la madre también nace. La madre da nacimiento al niño, el niño da nacimiento a la madre.

Cuando una mujer da nacimiento a un niño, es vida. Cuando mira en los ojos del niño, está mirando su propio ser. Cuando el niño empieza a crecer, ella crece con el niño.

Por eso hasta ahora has sido sólo padre. Era una obligación, pero no estabas muy implicado. Ahora serás ambos. Tendrás que ser ambos; también madre. Y si puedes ser una madre para tus hijos, entonces no te preocupes de las responsabilidades, serán atendidas. Empieza a pensar en términos de ser una madre. Vuélvete más femenino, más receptivo... Cada vez más tendrás que dejar de ser padre, y ser madre cada vez más. Esto será para ti un gran desafío y una gran transformación.

Si eres capaz de usar esta oportunidad, puede que alcances un gran *satori**. A través de ella, en tu interior se producirá una reconciliación. La reconciliación se producirá dentro de ti, el hombre y la mujer en tu interior, el yin y el yang en tu interior llegarán a encontrarse, cristalizarán. Y poco a poco perderás la noción de quién eres –hombre o mujer– porque serás más materno, y seguirás siendo un padre. Esto se puede convertir en una situación muy alquímica.

Y todo mi esfuerzo es siempre darte una visión, en cualquier situación que te encuentres, para que pueda convertirse en una oca-

* Alumbramiento espiritual repentino. *(N. del T.)*

sión para tu crecimiento. Por eso, trata de mirar a tus hijos como si fueras su madre. Si no lo puedes hacer durante veinticuatro horas, hazlo por lo menos durante unas horas. Y luego hazte con el hombre. Porque es totalmente diferente.

Cuando eres padre, te gusta dominar a tus hijos. Te gustaría hacer que fueran como tú. Cuando eres madre, te gusta darles libertad para que sean ellos mismos.

Puedes tener un programa determinado en tu mente: que desde que se ponga el sol hasta el amanecer serás una madre. Durante todo el día puedes ser el padre, durante toda la noche puedes ser la madre. La mujer es más como la noche. Te rodea, te envuelve, te ahoga, y sin ofenderte, sin ni siquiera tocarte. Cuando la oscuridad te rodea, ni siquiera puedes tocarla. Está ahí, pero es casi como si no estuviera. Su misma presencia es a través de la ausencia.

Por eso, cuando seas una madre vuélvete tan ausente como puedas. No trates de demostrar nada. Ayuda, y eso también muy indirectamente. No pienses en términos de responsabilidad. Piensa en términos de crecimiento interior. Una vez que te pones a pensar en términos de responsabilidad, obligación, empieza a aparecer la ansiedad. Te estás perdiendo una gran oportunidad. Has dado un paso en falso.

Responsabilidad: uno se siente abrumado. Obligación: uno siente que tiene que hacerlo. Obligación es una palabra fea, una palabrota. Amor, no obligación. Disfrutas y amas.

Y disfruta de toda la situación que ha ocurrido. Después, algún día puede que le agradezcas a tu esposa el que se marchara y te permitiese convertirte en madre; de otra forma hubiera sido imposible. Y no sólo en este caso, en todas las situaciones de la vida trata siempre de encontrar una manera de usarlas para el crecimiento, para volverte más tú mismo.

Y medita profundamente; eso te hará suficientemente fuerte como para encarar esta situación y crecer con ella.

*Mi marido y yo queremos separarnos, pero estamos
preocupados por nuestra hija*

Ella lo entenderá, porque su padre va a seguir estando disponible; eso no es un problema. Tantos niños... Y los niños son muy comprensivos. Ella se sentirá muy desgraciada si tú te sientes desgraciada. Pero si ella ve que su madre está contenta, en unos días se dará cuenta de que todo está perfectamente bien, no hay nada malo. Tú te sientes desgraciada por su culpa, y ella se seguirá sintiendo desgraciada por tu culpa, porque los niños mantienen una relación muy compasiva con la madre. Si ve que eres feliz, lo olvidará todo. Porque verá que no es tu historia de amor, y que no has escogido otra niña, no has adoptado a otra niña.

No hay ningún problema, el problema lo tienes tú. En el fondo, te gustaría que ella se sintiera desgraciada para tú poder hacerle sentir miserable a tu hombre: «Mira lo que le has hecho a nuestra hija. Me has hecho esto a mí y se lo has hecho a la niña, y sin embargo te sientes feliz y estás disfrutando. Nosotras envenenaremos tu alegría.»

Nunca envenenes la alegría de nadie, porque al envenenarla estás envenenando tu propio bienestar, porque todo lo que le haces a los demás te será hecho a ti.

Prueba mi receta: olvídate de toda esta historia, empieza a bailar y dile a tu hija: «Esto está muy bien; él es libre, yo soy libre y todo está perfectamente bien.»

Y según lo que yo entiendo, los niños son muy comprensivos. Se les involucra innecesariamente en las peleas de sus padres, les meten dentro. La madre tira de su lado, el padre tira de su lado, y la vida del niño se convierte en un sufrimiento. Poco a poco se convierte en un político: le dirá una cosa al padre y luego algo distinto a la madre. Cuando esté con la madre estará de su lado, cuando esté con el padre estará de su lado. Se tiene que hacer político porque está entre estas dos personas. Por lo tanto, no crees esta situación. No pasa nada. Ella lo entenderá; los niños olvidan muy pronto.

Tengo problemas con mi hijo de dos años porque está
muy apegado a mí

No lo apartes de ti en este momento, de lo contrario será negativo el resto de su vida. Nunca apartes de ti a tu hijo.

Ámalo todo lo que puedas. Llegará un momento en el que él mismo empezará a alejarse. Entonces no te aferres. Esto es algo natural…, del mismo modo que la fruta madura cae automáticamente del árbol. Y aquí sucede lo mismo; en cuanto crezca, empezará a relacionarse con otros niños. Entonces, más adelante encontrará una esposa y se olvidará completamente de ti.

¡De modo que no te preocupes! Simplemente, ámale. Y si puedes amarlo, llegará un día en que no sólo será capaz de olvidarte, sino incluso de perdonarte. En este momento déjale que se aferre a ti. Necesita tu calor, tu amor. No lo apartes; si no, dejará de crecer. El niño se siente rechazado si es apartado por la madre. Nunca lo rechaces, déjale que se acerque. Es totalmente natural. Está tan desvalido, por eso se aferra. No se trata de apego. Cuando sea maduro, suficientemente fuerte, comenzará a moverse. Entonces no trates de impedírselo. Simplemente, permíteselo.

Mi hija me pregunta sobre la muerte. Quiere saber a
dónde se va todo cuando muere

Eso está muy bien… Todos los niños están interesados en la muerte; es una de las curiosidades más naturales. Pero en lugar de responderles…, porque todas las respuestas serán falsas…

Por eso nunca respondas; sencillamente, di que no sabes, que ya veremos cuando nos muramos. Y haz que esto se convierta en un entendimiento tácito acerca de todas esas cosas para las que no tienes respuesta.

Cuando un niño pregunta algo que tú no conoces, acepta tu ignorancia. Los padres creen que aceptar que no sabemos será perjudicial, que nuestras imágenes caerán a los ojos del niño, pero de hecho es justo lo contrario. Más pronto o más tarde se va a enterar de que sus padres son tan ignorantes y tan impotentes como cualquier otra persona, que van andando a tientas en la oscuridad como cualquier otro pero lo disimulan, y ese disimulo es muy destructivo. Por eso siempre que hay algo que no conozcas, di: «No lo sé; estoy buscando e indagando.»

Y la muerte es una de esas cosas sobre las que no se puede decir nada excepto una cosa: que regresamos a casa, que volvemos al mismo lugar de donde hemos venido. Tampoco lo sabemos. Venimos de una fuente desconocida y a ella regresamos. La muerte completa el círculo, pero los dos extremos, el principio y el final, están ocultos en el misterio.

Es como si un pájaro entra en una habitación por una ventana, aletea durante unos segundos y escapa por otra al exterior. Nosotros sólo sabemos del pájaro cuando está en la habitación. No sabemos de dónde viene; no sabemos adónde va. Lo único que conocemos es ese pequeño lapso de tiempo, ese intervalo, mientras el pájaro estaba en el interior de la habitación.

Y este es el estado del conjunto de la vida. Vemos nacer un niño; el pájaro ha entrado; de dónde, nadie lo sabe. Y entonces un día la persona fallece, el pájaro ha volado. Y la vida sólo sucede entre el nacimiento y la muerte…, un pequeño tránsito.

Haz consciente al niño del misterio. En vez de darle una respuesta es mejor hacer consciente al niño del misterio que le rodea, de modo que empiece a sentir más asombro, a tener más capacidad de maravillarse.

En vez de darle una respuesta categórica, es preferible crear una búsqueda. Ayúdale a ser más curioso, ayúdale a indagar más. En vez de darle la respuesta, haz que el niño haga más preguntas. Será suficiente si el corazón del niño se hace más indagador; eso es lo único que los padres pueden hacer por el niño. Más tarde, el niño o la niña buscarán sus propias respuestas a su manera. Nos olvidamos de que la vida permanece desconocida; algo como una equis. La vivimos y a la vez sigue siendo una desconocida. El hombre ha progresado mucho en sus conocimientos, cada día se descubren muchas cosas; se siguen añadiendo miles de trabajos de investigación al conocimiento humano, se siguen sumando miles de libros. Pero lo fundamental sigue permaneciendo igual. Ante lo fundamental somos humildes e impotentes.

De modo que ayúdale a sentir el misterio cada vez más.

Me preocupa mi hijo de seis años. Hace cosas que no me gustan, como pelear, mendigar y mentir

No te preocupes; ¡más adelante no le hará falta hacer ningún grupo de terapia! Está todo bien. Es a esta edad cuando deben luchar, gritar y decir cosas que no son verdad; esto creará la autenticidad. Todo esto desaparecerá; pero si las reprimes, permanecen. Sólo permanecen cuando son reprimidas, de lo contrario se irán cuando termine su estación.

Todo el mundo parece infantil porque no se le ha permitido vivir su infancia. Por eso un hombre de cuarenta, cincuenta o hasta de setenta años puede tener una rabieta. Basta que le moleste una nimiedad y puede volverse muy infantil. Un pequeño shock, alguna tristeza, y no será capaz de soportarlo. No se le ha permitido vivir la juventud; esa juventud no vivida sigue prolongándose.

Ten siempre en cuenta, como una regla básica: terminamos con aquello que vivimos; aquello que no vivimos persiste, quiere ser vivido. Hay cosas que están bien en la infancia. Esas mismas cosas pueden ser muy peligrosas cuando la infancia se haya desvanecido. Por ejemplo, si él grita puede ser entendido, si chilla puede ser entendido, pero cuando tenga cuarenta o cincuenta y grite o chille será difícil que le entiendan; entonces él mismo se sentirá avergonzado.

Por eso cada vez hay más grupos de terapia en el mundo. Son una necesidad, debido especialmente al cristianismo. El cristianismo ha estado enseñando represión, dos mil años de represión y moral cristiana. De modo que nadie es libre… Estas cosas seguirán estando en tu fuero interno, esperando: en cuanto surja alguna oportunidad explotarán, y si no surge ninguna, esa persona seguirá buscando una oportunidad. Quizá se emborrache y haga algo. Se le perdona; la gente dice que está borracho. Él también puede decir: «Estaba borracho, lo siento.»

La gente va a la guerra, la gente va a ver películas de asesinatos. ¿Qué placer puedes encontrar viendo una película de asesinatos? ¿Qué placer hay en leer una novela de detectives? Es una alegría por sustitución: haces a través de los demás, sustitutivamente, lo que tú no puedes hacer. Te identificas con el asesino o con el asesinado y te emocionas. ¿Por qué las personas tienen que ir a ver las corridas de toros? ¿Por qué la gente tiene que luchar con animales y cazar? Eso parece muy cruel e innecesario. Pero hay una necesidad; hay algo que quiere expresarse, hay que encontrar una manera.

¿No has visto nunca un partido de fútbol, cómo empieza la disputa? Los dos equipos y los seguidores de los dos equipos empiezan a luchar y aparece el caos. ¡Sólo era un partido de fútbol! Es muy estúpido, pero continúa sucediendo. Es su infancia no vivida.

Déjale, no tengas miedo. Tu miedo proviene de tu represión; él no es la causa. Tú has sido reprimido; nunca te permitieron hacer esas cosas que él hace. En el fondo, debes de sentirte un poco celoso y tienes miedo de que algo pudiera ir mal. Te han enseñado que está mal hacer esas cosas.

Déjale. Con esto crecerá y dejará atrás su infancia. Cuando madure, habrá madurado de verdad. Nunca necesitará algo parecido al encounter, la gestalt o el psicodrama. Él lo ha vivido todo, y cuando puedes vivir de verdad llegas hasta el fondo. Un grupo es una situación creada, artificial; sólo es un sustituto, un sustituto muy pobre.

Mi hijo tiene algunas características que no me gustan

Si alguna vez encuentras en tu hijo algo que no te gusta, mira en tu interior, lo encontrarás allí; se refleja en el niño. El niño es sólo una respuesta sensitiva. El niño está ahí sencillamente bebiendo de ti, repitiendo, imitándote. Por eso, si encuentras algún defecto en el niño, en lugar de corregirlo en él, corrígelo en ti mismo y te sorprenderás: el niño dejará de hacerlo inmediatamente. El niño no sólo depende de la madre para el alimento físico, depende de ella totalmente; también para el alimento espiritual. Por eso, si te vuelves silencioso el niño te seguirá, aprenderá sin saberlo; si tú te vuelves meditativo, él se volverá meditativo.

Siempre que los padres se quejan de sus hijos, no se dan cuenta de lo que están haciendo, porque la sensación que tengo es que si hay algún defecto en el niño, ha debido de venir de los padres. Generalmente es así: el 99 por 100 de las veces viene de los padres; cuanto más pequeño es el niño, mayor es el porcentaje. Cuando el niño se hace un poco más mayor y empieza a relacionarse con la sociedad, por supuesto, aprende también de otros, pero en la suma total, casi el 90 por 100 viene siempre de los padres. Por eso, todo lo que quieras que el niño sea, selo tú. Sé silencioso, sé compasivo, sé amoroso, sé alegre y te sorprenderá que simplemente por ser de esta manera, el niño empiece a empaparse de estas cualidades. Esto será para él lo mejor que le pueda pasar, que pueda empaparse de tu silencio.

Mi hijo pequeño es un niño muy rico y hermoso, pero siento que me pide demasiada energía y necesita mucha atención. Estoy luchando entre sentirme culpable y sacrificarme. ¿Es posible encontrar un equilibrio?

Sí, es posible. Sólo hay que entender una cosa. Si se lo permites, los niños se pueden volver muy dictatoriales; pueden llegar a explotarte. Esto es perjudicial para ti y tampoco es bueno para ellos, porque una vez que te has dejado explotar y les has dado atención y amor más allá de tus límites, y empiezas a sentir que esto es demasiado, de alguna forma te tomarás la revancha. Más tarde el niño crecerá en un mundo que no se va a preocupar por él, pero él siempre esperará el mismo trato de todos los demás. Tendrá demasiadas expectativas y esto le creará frustraciones. Te echará la culpa —y además es lógico— y dirá: «Mi padre me destruyó.»

Dale amor, pero no dejes que te domine. La distinción es muy sutil pero hay que entenderla. Da amor cuando tengas ganas de darlo. Cuando no lo sientas, entonces no te preocupes porque no estás aquí para cumplir los deseos de tu hijo. Y le estás dando un ejemplo equivocado; hará lo mismo con sus hijos.

Y ten presente que sacrificarse no es bueno, porque nunca serás capaz de perdonar a tu hijo. Pero a él no se le puede hacer responsable. No está alerta, no es tan consciente. Tú eres más consciente. Tu responsabilidad es mayor. Dale tu amor pero no dejes que te domine. Y los niños son muy perceptivos.

Una vez me estaba quedando en casa de un amigo y la pareja salió y me dijo que su hijo pequeño estaba allí, y que tenía que cuidarlo. Le dije: «Dejarle jugar.» Se cayó por las escaleras y se hizo daño.

Me miró y yo me senté como un buda. De modo que me miró, me observó muy de cerca y entonces pensó: «Es inútil; no tiene sentido llorar o gemir porque este hombre parece una estatua.» Se puso a jugar...

Media hora más tarde, cuando volvieron sus padres, se echó a llorar. Le dije: «Esto no es lógico, porque ahora no hay ningún problema. Ha pasado media hora; si tuvieras dolor o alguna herida, deberías haber llorado antes.» Él dijo: «¿Qué sentido tenía? Sabía perfectamente que no te ibas a molestar. ¡Tenía que esperar!» Los niños son muy prácticos.

Por eso, desde ahora mismo hazte un poco más consciente de esto. Durante diez días no dejes que te obligue. Él lo entenderá.

Los niños pueden ser muy manipuladores. Aprenden las estrategias equivocadas y después las repiten durante el resto de su vida: con su mujer, con su marido, con sus hijos. Si has dejado que te manipulen una vez, la próxima vez será peor. Saben que te tienen en su poder. Y cualquiera quiere disfrutar del poder, todo el mundo quiere ser el jefe.

Pueden llorar, pueden gemir, pueden volver a llorar. Déjales que lloren; hay que dejarlos solos. Y de esto aprenderán algo: el respeto por la libertad del otro.

Una madre es también una mujer, un individuo. La maternidad no lo es todo, es sólo una parte de ti. Por eso a muchas mujeres en el mundo, especialmente en Occidente, les asusta mucho ser madres. La mujer deja de tener libertad. Una vez que se convierte en madre está acabada, enredada y tan cargada con los problemas de los niños que no puede tener ningún espacio para sus propios problemas. Y el niño quiere poseer; la posesividad es innata. Traemos esa enfermedad, poseer, agarrar, sujetar y aferrarse desde el nacimiento.

A muchas mujeres les da miedo ser madres. Esa no es la manera de resolver el problema. La manera de resolverlo es ver que la maternidad es parte de ti. No es sinónimo de ti; tú sigues siendo un individuo. Y la individualidad no se debe sacrificar por nada, no importa el qué; ya sea maternidad, matrimonio, paternidad; la individualidad no debe de ser sacrificada, porque hay en ello grandes implicaciones.

La maternidad no es un trabajo de veinticuatro horas. Di a los niños: «Cuando os estoy cuidando, os estoy cuidando, y cuando estoy haciendo otra cosa, estoy haciendo otra cosa. Y no quiero que se mezclen.» Les ayudarás a hacerse más fuertes y a ver de qué estás hablando. Y en su vida, cuando hayan crecido, te estarán agradecidos y tú nunca sentirás rabia. Empieza a trabajar en esta dirección poco a poco. Los niños son muy frágiles pero también muy fuertes. E insistirán, no se rendirán fácilmente, porque te conocen; como tú te has rendido a ellos, no cederán fácilmente. Pero en dos o tres semanas comprenderán que esta mujer ha cambiado; esta mujer ya no es la misma.

Estoy preocupado porque mi hijo no come, lo que podría ser la causa de su bronquitis y del modo en que se relaciona con otros niños

¿Cuál es el camino? ¡Me parece que el problema es más contigo que con él!

Parece que estás demasiado preocupada por él. A veces, esto hasta puede crear tensión en su mente. Toma todos los cuidados, pero preocuparse no es ocuparse. Preocuparse es muy destructivo. Es destructivo para ti, es destructivo para él, porque si se da cuenta de que estás demasiado preocupada por él, empezará a sentirse culpable. Eso podría provocarle bronquitis, podría causarle asma. Podría empezar a comer menos; podría empezar a castigarse a sí mismo.

Si no te ocupas, es malo; pero si te preocupas demasiado, también es malo. Los extremos son siempre malos; es bueno estar en el medio. Lo estás protegiendo demasiado. Puedes hacerle sentir que se está asfixiando; esto es la bronquitis y el asma. El asma puede comenzar si una persona se siente asfixiada..., y eso es lo que estás creando.

La intención no es mala, pero lo que estás haciendo no es bueno.

Déjale solo. Ámalo pero déjalo. Tiene su propia vida. Simplemente, dale más libertad y el asma desaparecerá. Permítele su propia manera de vivir; no trates de guiarlo demasiado. Todo lo que podemos hacer es amar y dar libertad, y el amor da libertad: sólo entonces es amor.

Por eso guárdate tu inquietud, tus preocupaciones. Quizá esto sea una manera de evitarte a ti mismo. Te preocupas por él y así puedes evitar tus propias preocupaciones. Esto se convierte en una buena excusa, en una racionalización. Puedes escapar a tu caos interno; te puedes preocupar por él. Eso es lo que están haciendo millones de personas. Los niños se convierten en chivos expiatorios. Puedes poner en él todos tus problemas.

Si te dejan solo, si no hay nadie por quién preocuparse, tendrás que enfrentar esos problemas. Enfrenta esos problemas; tienes que trascenderlos.

Si en lo más profundo tienes algún interés en que esté enfermo, en que esté inquieto... Esto te interesa, porque si está en perfecto estado de salud, ¿qué harás? Te verás enfrentado de vuelta a ti mismo. Por eso en algún lugar profundo de tu inconsciente te gustaría que él permaneciera como está. Y él lo sentirá; los niños son muy intuitivos. Él lo percibirá y cumplirá tus deseos. ¿Qué otra cosa puede hacer? Realizará tus deseos inconscientes y te mantendrá ocupado, pero su vida se echará a perder. Y tú perderás una oportunidad de encontrarte a ti mismo.

Tengo la sensación de que tienes que resolver un profundo problema; es tu amor. O sea que en vez de echárselo todo encima, busca un amante, un amigo.

A menudo sucede que una madre se queda alrededor de su hijo. Tal vez diga: «¿Qué puedo hacer? No tengo tiempo de meterme en una relación, no me lo puedo permitir.» No, tienes que vivir tu propia vida de modo que puedas dejarlo un poco solo.

Respétalo como si fuera un adulto. Todo niño tiene que ser respetado como si estuviera en tu mismo plano.

Por eso, en primer lugar: dale libertad. No le asfixies. Eso es lo que ese asma te está diciendo; es un mensaje. Y no le obligues a comer, de lo contrario lo rechazará. ¡No es necesario! Un niño sabe cuándo tiene hambre. Cuando tenga hambre comerá. Si no tiene hambre, no tiene necesidad de comer. Y es algo tan natural que no hay ningún niño que se vaya a quedar con hambre.

Si algún día se salta una comida, no te preocupes; no pasa nada. De vez en cuando vienen bien unas vacaciones. Deja que se salte una comida. ¡Cuando tenga hambre de verdad vendrá corriendo! Muchas madres obligan a comer a sus hijos y haciendo esto destruyen muchas cosas.

Una vez que destruyes el apetito natural, poco a poco se vuelve completamente inconsciente; deja de saber cuándo tiene hambre y cuándo no la tiene. Ningún animal deja de comer. Cuando el animal tiene hambre, comerá; cuando no tiene hambre, no comerá. Y no hay una madre que se ocupe de él; nadie le está guiando. Y los niños son animales, puros animales.

¡Sencillamente, déjalo! Y en un mes empezará a comer espontáneamente. Déjale que coma lo que le quiera. Guárdate tus planes y tus conocimientos de cómo hay que educar a un niño para ti misma, y si tienes algun manual, ¡quémalo! Porque en Occidente la gente tiene manuales. Leen libros y tratan de seguir lo que los entendidos, los expertos dicen que hay que hacer. No hay ninguna necesidad. ¡La naturaleza es suficiente! Y dale libertad: deja que se mueva, deja que haga las cosas a su manera. En tres meses tus problemas desaparecerán, pero ¡tienes que hacer frente a tus problemas!

Cuando una madre se preocupa demasiado por el niño, quiere decir que está tratando de encontrar en el niño el hijo y el marido a la vez. ¡Eso es peligroso! Deberías de empezar a buscar un amigo. Eso distraerá tu mente de él y ¡le salvará!

Siento que mi hijo pequeño es muy fuerte y yo no me siento fuerte en absoluto. En determinadas situaciones no sé qué hacer

¡Déjale que sea fuerte! ¿Por qué te preocupa su fuerza? Es bueno. Tiene que ser fuerte, y la madre tiene que ser suave. Él tiene que ser fuerte; sólo entonces puede crecer como un individuo. Si él es suave y la madre es fuerte, lo matará. Eso es lo que pasa a mucha gente: la madre es demasiado fuerte y ellos son muy suaves, porque la madre no les permitió ser fuertes. Entonces se quedan remoloneando alrededor de la madre durante toda su vida. Incluso cuando son viejos y la madre ha muerto y desaparecido siguen colgados de los cordones de su delantal; en el fondo todavía dependen psicológicamente de ella. Esto se convierte en una patología. Entonces el hombre puede que empiece a mirar a su mujer como si fuera su madre. No puede vivir sin una madre; necesita que alguien le haga de madre.

Los pechos se han convertido en algo tan importante debido a esta tendencia. Los artistas pintan pechos, los escultores esculpen pechos, los poetas siguen escribiendo sobre los pechos; parece ser una gran obsesión. Básicamente es sólo una indicación de que esa gente está todavía suspirando por una madre; los pechos representan a la madre. Si los hijos se liberan de su madre, los pechos desaparecerán de la poesía, las películas, las pinturas. Adquirirán la proporción correcta, serán partes naturales del cuerpo. Ahora mismo parece que no es la mujer la que tiene pechos, sino los pechos los que tienen una mujer; la mujer parece secundaria. Este es un estado muy patológico.

Los niños tienen que ser muy fuertes; por lo tanto, ayúdale a ser fuerte. Te resultará difícil, porque cuanto más fuerte sea, más problemas te creará; si es débil, entonces no hay problemas. Pero uno tiene que ser fuerte en la vida: la vida crea problemas, la vida es arriesgada, llena de desafíos. Si él es flojo y está cansado, casi medio muerto, se sentará en un rincón y no te creará ninguna dificultad, pero entonces es que no está vivo. Si está vivo te creará muchos problemas. Tienes que encararlos. Eso es lo que significa ser madre: encarar esos problemas. Y encarándolos, dándole libertad y fuerza, tú también crecerás. La madre y el hijo crecen juntos.

Me preocupa gritarle a mi hija. Algunas veces me pone
nerviosa y entonces yo le grito para que pare

No, no te preocupes por gritar; en absoluto. Es natural. Sólo tienes que recordar una cosa: equilíbralo con amor.

Hay momentos en los que uno quiere gritar y los niños lo entienden porque ellos también gritan. En realidad, ese es su lenguaje. Si sientes que estás hirviendo en tu interior y no quieres gritar, el niño se siente muy molesto por lo que está pasando, porque esto está más allá de su comprensión. Puede sentir... Toda tu vibración está gritando y tú no estás gritando; incluso estás sonriendo, controlando. El niño se molesta mucho porque siente que la madre le está engañando, y nunca perdonan el engaño.

Siempre están dispuestos a aceptar la verdad. Los niños son muy empíricos, muy con los pies en la tierra.

Por eso grita siempre que tengas ganas. Después, sólo tienes que acordarte de equilibrarlo con amor. Después, ámalos enloquecidamente. Si les estás gritando, también les tienes que amar, del mismo modo enloquecido. Abrázalos, baila con ellos. Entenderán que su madre es salvaje y saben que les ama, por eso también tiene derecho a gritarles. Si sólo les gritas y no los amas con intensidad y pasión, entonces existe un problema. Por eso, el problema no surge porque les grites. Surge porque no lo equilibras con amor.

Cuando un niño viene y ha hecho algo malo, llega listo para que le peguen, abofeteen. Si no le abofeteas, sus expectativas no se ven correspondidas, se sentirá frustrado. Si le pegas fuerte, no hay nada malo, sólo que debe ser caliente. Ese golpe debe de ser caliente, no frío, y hay una gran diferencia entre los dos. Un golpe frío o una bofetada fría te sale sólo cuando te reprimes.

Por ejemplo, un niño ha hecho algo y tú reprimes tu enfado. Ese era el momento caliente. Si le hubieras pegado, le hubieras gritado, todo hubiera sido caliente y vivo, pero te has reprimido. Más tarde, cuando el niño no está haciendo nada –han pasado seis horas y se ha olvidado completamente–, tú eres incapaz de olvidarte; te has reprimido. Ahora el asunto ya se ha enfriado. Entonces, encontrarás alguna excusa: «¡No has hecho tus deberes!» Esto es frío y te estás tomando la revancha. Tienes que hacer algo, de otra forma no serás capaz de librarte de ello.

Encuentras alguna excusa racional. Gritar fue irracional, pero natural. Ahora encontrarás alguna excusa no natural pero sí racional: que no ha hecho sus deberes, que su ropa está sucia o que hoy no se ha duchado. Estás enfadada, pero tu rabia es fría. Puede que te liberes de ella; esto también será feo.

Es como comer la comida fría –cuesta digerirla–, se hace pesada en el estómago.

El niño no lo puede entender. Por eso, sé caliente. No hagas caso de lo que dicen los psicoanalistas; el 50 por 100 es basura. Han destruido muchas cosas hermosas en el mundo. Ahora las madres y los padres leen sus manuales sobre cómo comportarse con sus hijos. ¡Vaya tontería! Uno ya sabe…, siendo una madre sabes cómo comportarte. No se necesita aprender de nadie. Simplemente, sé natural.

Ninguna gata consulta un manual sobre cómo cazar ratas. Simplemente, salta y los caza. Es una gata, ¡eso es suficiente! No se necesita ningún certificado, no se necesita ningún consejero. Eres la madre, ¡se acabó! Tu madre naturaleza se ocupará. Si eres natural, se equilibrará solo.

De vez en cuando también canta y baila por tener un hijo tan hermoso. Abrázalo a veces, acércatelo. Déjale que sienta tu cuerpo y siente el suyo. Él es parte de tu cuerpo. Necesita tu calor. En ocasiones agárrale de la mano y corre alrededor de la casa… ve a nadar. Meteros en la ducha juntos, los dos desnudos, bajo la ducha, y él entenderá perfectamente que su madre es natural; que todo lo que hace está bien.

Mis hijos se han vuelto ingobernables, imposibles de dirigir. ¿Qué debo hacer?

¡Déjalos solos!

Relájate. Y una vez que hayan visto que te relajas totalmente y que no te preocupas en absoluto por lo que hacen, ellos mismos se tranquilizarán y serán comprensivos. La mejor manera de controlar a los niños es… Si te puedes volver un poco caótico, ellos se volverán controlados. Salta, baila, canta y empezarán a pensar: «¿Qué le ha pasado a nuestra madre? ¿Se ha vuelto loca o algo así?» Y empezarán a pensar: «Si se enteran los vecinos, ¿qué pensarán?» Empezarán a controlarte y a ¡tratar de hacerte callar!

La mejor manera de controlarlos es ésta: haz todo lo que quieras hacer y déjales hacer a ellos todo lo que quieran. Y te sorprenderás. Incluso los niños pequeños –esto siempre sucede–, cuando ven que nadie se está ocupando de ellos y que encima tienen que ocuparse de su madre, se vuelven muy silenciosos y disciplinados. Empiezan a representar el papel de sus padres. Déjales que vengan a mí a decirme: «Se está poniendo muy difícil, ¿cómo vamos a controlar a nuestra madre?» ¡No te preocupes!

Sólo son hippies y nada más.

¿Qué podemos hacer para que nuestra hija no se vuelva seria?

Enséñale a reír cada vez más. Y cuando juegues con ella, mantén una atmósfera risueña a su alrededor. Si puedes evitar la seriedad, estarás cumpliendo con tu obligación. Los niños son aplastados por la seriedad. Sin duda la gente mayor es más seria y los niños son más risueños, pero poco a poco les empiezan a imitar; comienzan a sentir que su risa no está bien. Y la gente mayor crea la impresión en sus mentes de que el ser serio, el estar tranquilo, el ser silencioso, es algo bueno, virtuoso. Eso está mal, porque una vez que el niño pierde contacto con la risa es muy difícil recuperarlo. Hacen falta muchas terapias, e incluso así es difícil recuperar tu infancia. Se necesitan muchas religiones. En realidad, en el mundo no hace falta religión alguna.

Si a los niños se les permite ser naturales, reírse, divertirse, ser espontáneos, no hace falta ninguna religión, ninguna Iglesia. Las personas serán religiosas sin pertenecer a ninguna religión, a ninguna Iglesia. Toda su vida será una adoración porque la risa es una oración.

En el momento en que el niño deja de divertirse, la muerte ha hecho aparición, y hacia los tres años de edad el niño empieza a morir. Por eso, hasta en la vejez la gente sigue recordando que la infancia era un Paraíso, que la infancia era el cielo. Esa sensación de que has perdido algo continúa; has perdido el jardín del Edén, Adán ha sido expulsado.

Por eso, siempre que tienes un hijo, tienes el jardín del Edén a tu alrededor. No le obligues a volverse serio. En vez de eso pierde tu seriedad cuando estés con ella. Ríe y sé un niño. Si puedes ayudar sólo con esto, ella se convertirá cuando crezca en una bella persona.

¿Debemos contar a los niños los hechos de la vida, sin tener en cuenta su edad?

A lo largo de los tiempos esto siempre ha sido un problema: qué decirles a los niños y qué no decirles. En el pasado la estrategia era no contarles los hechos de la vida, evitarlo en lo posible, porque se le tenía mucho miedo a los hechos de la vida.

La misma frase «hechos de la vida» es un eufemismo; simplemente oculta un hecho sencillo. Para no decir nada sobre sexo, incluso para evitar la palabra «sexo» han creado esta metáfora, «hechos de la vida». ¿Qué hechos de la vida? Sencillamente, es para no decir nada sobre sexo.

En el pasado toda la humanidad ha vivido con este engaño, pero los niños lo descubren más pronto o más tarde. Y de hecho lo descubren antes que después, y lo descubren de un modo muy equivocado. Tienen que hacer el trabajo ellos solos porque no hay ninguna persona apropiada dispuesta a contárselo. Se reúnen, se convierten en mirones y tú eres responsable por reducirlos a mirones. Recogen información de todas las fuentes erróneas, de la gente peor. Cargarán con estas nociones equivocadas durante toda su vida y tú eres la causa de esto. Toda su vida sexual se verá afectada por la información equivocada que han reunido.

En el mundo existe tanta información equivocada sobre el sexo como es posible. Incluso en el propio siglo XX la gente está viviendo con una profunda ignorancia sobre el sexo, incluso gente que tú pensarías que tendría que conocerlo mejor. Ni siquiera tu médico sabe realmente lo que es el sexo, no conoce su complejidad. Él debería de saber, pero hasta los médicos viven muy supersticiosamente; ellos también se enteran de esas cosas por la calle. El sexo no se enseña como una asignatura separada en ninguna facultad; un tema tan inmenso y poderoso, y todavía no se enseña nada sobre él. Sí, la fisiología del sexo es conocida por el médico, pero la fisiología no lo es todo; hay capas más profundas: está la psicológica y está la espiritual. Hay una psicología del sexo y hay una espiritualidad del sexo; la psicología está sólo en la superficie. Se han efectuado muchas investigaciones y en este siglo sabemos más que nunca antes, pero el conocimiento no se está haciendo prevalente.

La gente tiene miedo porque sus padres tuvieron miedo, y ese miedo se ha vuelto contagioso. Tienes que explicárselo a tus hijos, se lo debes. Y tienes que ser sincero.

–Mamá, ¿obtenemos nuestra comida de Dios?
–Sí, sí lo hacemos, Bárbara.
–Y en navidades, ¿santa Claus nos trae los regalos?
–Correcto.
–Y en mi cumpleaños, ¿el hada buena trae los regalos?
–Hmmm…
–¿Y fue la cigüeña la que trajo a mi hermanito?
–Cierto.
–Entonces, ¿qué demonios está haciendo papá por aquí?

Es mejor ¡ser sincero! Pero no te estoy diciendo que saltes sobre tus hijos y empieces a ser sincero quieran ellos o no. Ahora está sucediendo así –es el otro extremo–, especialmente en Occidente, porque los psicólogos están diciendo que hay que decir la verdad. La gente va contando la verdad tanto si los niños preguntan como si no. Eso también está mal. ¡Espera! Si el niño pregunta, cuéntale la verdad; si no pregunta no hace falta, todavía no tiene interés.

En la mesa, a la hora de cenar, el padre casi se atragantó cuando su hijo pequeño le preguntó:
–Papá, ¿de dónde vengo?
Enrojeciendo, papá dijo:
–Bien, me parece que ha llegado el momento de que tú y yo ha-

blemos de hombre a hombre. Después de cenar te hablaré sobre los pájaros y las abejas.

El niño dijo:

–¿Qué pájaros y abejas? El pequeño Frankie del final de la calle me contó que viene de Chicago. Todo lo que quiero saber es de dónde vengo yo.

Así que espera un poco. Ellos mismos preguntarán, no tienes que tener tanta prisa. Y no trates de ninguna manera de engañarles. Puede ser peligroso.

Adolescentes

¿Por qué la nueva generación es un problema tan grande para los padres?

PORQUE la nueva generación es más inteligente. La inteligencia trae problemas. Y es natural que la nueva generación sea más inteligente. Así es como sucede la evolución. Cada nueva generación será más inteligente que la precedente. Tus hijos serán más inteligentes que tú, y los hijos de tus hijos serán más inteligentes que tus hijos.

Es un impulso que va adquiriendo velocidad. Estás de pie sobre los hombros de los budas, esa parte es tuya. Por ejemplo, en mi ser, Buda es una parte, Jesús es una parte, Abraham es una parte, Krisna es una parte, Mahoma es una parte..., en ese sentido Buda fue más pobre que yo, Jesús fue más pobre que yo. Y algún futuro iluminado será más rico que yo, porque yo seré parte de su ser pero él no puede ser parte de mi ser. La evolución va adquiriendo velocidad. Cada niño debería de ser más inteligente que sus padres, pero eso crea problemas, porque eso es lo que ofende a los padres. A los padres les gustaría aparentar que son omniscientes. En el pasado era fácil aparentar, porque no había otra manera de impartir conocimiento a los niños que la comunicación oral de los padres.

Por ejemplo, el hijo de un carpintero aprendía todo lo que fuera a aprender en su vida a través de su padre. El padre no era sólo el padre, sino que también era el profesor. Y el hijo siempre sentía temor reverencial y respeto hacia él, por todo lo que sabía el padre: lo sabía todo sobre los tipos de árboles y maderas, y de esto y aquello, y el hijo no sabía nada. Le tenía un tremendo respeto.

Se respetaba la edad: en el pasado, el anciano era el más sabio por sus experiencias, por supuesto. Pero ahora hemos inventado mejores medios de comunicación. El padre ya no es el profesor; ahora la profesión de la enseñanza es una profesión totalmente diferenciada. El niño va al colegio. El padre fue al colegio hace treinta o cuarenta años. En esos treinta o cuarenta años ha habido una explosión de conocimientos. Cuando el niño aprende algo, de lo que el padre no es consciente, y regresa a casa, si sabe más que su padre, si está más al día que el padre, ¿cómo va a sentir temor reverencial? El padre parece pasado de moda.

Ese es el problema, y va a ser así cada vez más, porque nuestras expectativas son anticuadas y seguimos queriendo que el niño respete a los padres al igual que en el pasado, pero el conjunto de la situación ha cambiado. Ahora tendrás que aprender algo nuevo: empieza a respetar al niño. Ahora, lo nuevo tiene que ser más respetado que lo viejo. Empieza a aprender del niño porque sabe más que tú. Cuando tu hijo vuelve de la universidad, con certeza sabe más que tú.

Esa ha sido mi experiencia en la universidad. Uno de mis profesores de filosofía solía decir muchas tonterías, y la razón era que había estado en la universidad hacía treinta años. En aquella época, cuando era un estudiante, Hegel y Bradley eran las figuras más importantes en el mundo de la filosofía. Ahora a nadie le importan Hegel y Bradley. Wittgenstein y G. E. Moore han ocupado su lugar.

Ese profesor no tenía ni idea de Wittgenstein, ni de G. E. Moore. Estaba tan desfasado que tuve que decirle: «Estás tan anticuado, eres tan inútil, que o bien empiezas a leer lo que está sucediendo ahora en filosofía o ¡dejas de enseñar!»

Naturalmente, se enfadó; me expulsaron de la universidad. Escribió una carta al rector en la que le decía: «Una de dos, o yo sigo enseñando o este estudiante sigue en la universidad, pero no podemos permanecer los dos a la vez, él es un problema.»

Él no estaba dispuesto a leer a Wittgenstein. En realidad, puedo entender su problema: incluso si lo hubiera leído, no lo hubiera entendido. Wittgenstein es un mundo totalmente diferente del de Hegel. Y él solía hablar sobre Hume y Berkeley..., que son nombres podridos, que ya no tienen ninguna importancia; son parte de la historia, notas a pie de página.

Este es el problema. La edad, en sí misma, ya no es motivo de respeto. Se debe respetar la inteligencia, la conciencia. Y si respetas a tus hijos, ellos te respetarán. Pero sólo si tú respetas a tus hijos ellos te respetarán. La vieja costumbre de humillar a los niños, de insultarlos de todos los modos posibles y de que te tengan que respetar ya no puede seguir así.

La esposa del predicador, mientras compraba, vio este anuncio en la carnicería: «Maldito jamón rebajado.» Un poco molesta por el nombre, confrontó al carnicero sobre el uso de una expresión tan profana, pero se tranquilizó cuando éste le explicó que era una nueva raza de cerdos que estaba criando Hoover Dam, de ahí el nombre «Dam Ham» *. Ella decidió llevarse un poco a casa y preparárselo esa noche a su familia.

Cuando su marido llegó a casa, ella estaba cocinando y él le preguntó:

–¿Qué hay de cenar?

–Maldito jamón –respondió ella.

El sacerdote, que nunca había escuchado este lenguaje en su casa, empezó a reprochárselo, pero cuando ella se lo explicó se sintió un poco avergonzado por dudar de su esposa.

Esa noche, al sentarse a la mesa para cenar con su hijo de seis años, el sacerdote bendijo la mesa y luego le pidió:

–Pásame el maldito jamón, por favor.

El niño pequeño miró hacia arriba, sus ojos se agrandaron, y dijo:

–Así se habla, papá. ¡Pásame a mí las jodidas patatas!

–Nunca me he acostado con un hombre antes que con tu padre –declaró la madre severa a la hija salvaje–. ¿Serás capaz de decirle lo mismo a tu hija?

–Sí –respondió la joven–, pero no con una cara tan seria.

---

* Juego de palabras en inglés: *dam,* maldito; *ham,* jamón.

—¡Mírame! —dijo el anciano Rubenstein—. Ni fumo, ni bebo ni voy detrás de las mujeres, y mañana voy a celebrar mi ochenta cumpleaños.

—¿De verdad? —preguntó su hijo con curiosidad—. ¿Cómo? Si ni fumas, ni bebes ni vas detrás de las mujeres, ¿cómo vas a celebrarlo?

¿Cómo pueden los adolescentes crear un puente con sus padres?

Primero, los adolescentes deberían de ser auténticos y honestos sin importarles las consecuencias. Deberían contarles a sus padres lo que sienten, no de un modo arrogante, sino con humildad. No deberían ocultar nada a los padres. Eso es lo que está creando la brecha: los padres les ocultan cosas a los hijos, los hijos ocultan cosas a los padres y la brecha se va haciendo cada vez más grande.

Un día fui a mi padre y le dije:

—Quiero empezar a fumar.

—¿Qué? —me contestó.

—Me tienes que dar dinero para cigarrillos, porque no quiero robar —le dije—. Si no me lo das, robaré y tú serás el responsable. Si no me dejas fumar, fumaré pero lo haré a escondidas. Y me estarás convirtiendo en un ladrón; me harás ocultar cosas y no ser honesto y abierto. Veo a tanta gente fumar cigarrillos que quiero probar. Quiero los mejores cigarrillos disponibles y fumaré el primer cigarrillo delante de ti.

—Es curioso, pero tu razonamiento es correcto —dijo él—. Si te lo impido, robarás. Si te lo prohíbo, fumarás de todas maneras, y mi prohibición sólo provocará en ti más actos delictivos. Me duele. No quiero que empieces a fumar.

—Esa no es la pregunta —le dije—. Al ver a la gente fumando ha surgido en mí el deseo. Quiero comprobar si vale la pena o no. Si vale la pena, me tendrás que proporcionar cigarrillos constantemente. Si no vale la pena, habré terminado con ello. Pero no quiero hacer nada hasta que tú te niegues; entonces toda la responsabilidad será tuya, porque no me quiero sentir culpable.

A regañadientes tuvo que comprarme los mejores cigarrillos disponibles en la ciudad. Mis tíos, mi abuelo decían:

—¿Qué estás haciendo? Esto no se hace —insistieron...

Pero él les dijo:

—Ya sé que esto no se hace, pero vosotros no le conocéis tanto como yo. Va ha hacer exactamente lo que está diciendo, y yo respeto su autenticidad, su honestidad. Me ha explicado su plan:

—No me obligues y no me lo prohíbas, porque eso me hará sentirme culpable.

Me fumé el cigarrillo, tosí, me cayeron lágrimas de los ojos; no pude acabar ni siquiera un cigarrillo y lo dejé. Le dije a mi padre:

—Se acabó. Ya no necesitas preocuparte. Pero quiero que entiendas que te voy a contar todo lo que siento para no tener que ocultarte nada. Si me escondo incluso de mi padre, ¿con quién me voy a relacionar? No, no quiero crear una brecha entre tú y yo.

Y viendo que había dejado los cigarrillos, se echó a llorar. Me dijo:

—Todo el mundo estaba en contra, pero tu sinceridad me obligó a traerte los cigarrillos.

En la India seguramente no ha habido jamás un padre que haya ofrecido cigarrillos a su hijo; nunca se ha oído hablar de algo así. Los padres ni siquiera fuman delante de sus hijos para que no se les ocurra a ellos.

Los adolescentes están en una situación muy complicada. Están cambiando; están dejando atrás su infancia y se están convirtiendo en jovencitos. Cada día se abren para ellos nuevas dimensiones en la vida. Están en transformación. Necesitan una ayuda inmensa de los padres.

Pero la situación actual es que no se encuentran en absoluto con sus padres. Viven en la misma casa pero no se hablan porque no pueden entender el lenguaje del otro, no pueden entender el punto de vista del otro. Sólo se encuentran cuando el chico o la chica necesitan dinero; de lo contrario no hay encuentro. La brecha sigue agrandándose; se convierten en extraños, más de lo que uno podría imaginar. Esto es realmente una calamidad.

Hay que animar a los adolescentes a contárselo todo a sus padres sin ningún miedo. Esto no sólo va a ayudar a los niños, también va a ayudar a los padres.

La verdad tiene una belleza propia; la honestidad tiene una belleza propia. Cuando los adolescentes se aproximan a sus padres con honestidad, verdad y sinceridad y simplemente abren sus corazones, se desencadena algo en los padres que también abre sus corazones, porque ellos también están cargados con muchas cosas que les gustaría decir pero no pueden. La sociedad lo prohíbe, la religión lo prohíbe, la tradición lo prohíbe.

Pero si ellos ven que los adolescentes son completamente abiertos y limpios, les ayudará también a ser abiertos y limpios. Y así se podrá abandonar la tantas veces discutida brecha generacional; se evaporará ella sola.

El problema más molesto es el sexo. Los niños deberían ser capaces de decir todo lo que les pasa por la mente sin necesidad de esconder nada, porque todo lo que está sucediendo en la mente es natural. Deberían pedir consejo a sus padres —¿qué podemos hacer?—, están en un estado alterado y necesitan ayuda. Y ¿a quién pueden pedírsela si no a sus padres?

Cuando tenía algún problema se lo contaba a mis padres. Y esa es mi sugerencia: los adolescentes no deberían ocultar nada a sus padres, a sus profesores…, deberían ser absolutamente sinceros, y la brecha se evaporará. Y necesitamos que esa brecha se evapore, porque ¿qué tipo de sociedad es ésta? Hay una brecha entre padres e hijos, hay una brecha entre marido y mujer, hay una brecha entre profesores y alumnos. Sólo hay brechas y más brechas por todos lados.

Todo el mundo está rodeado por todo tipo de brechas, como si toda comunicación se hubiera interrumpido. Esto no es una sociedad, esto no es una comuna, porque no hay comunicación. Nadie puede decir lo correcto, todo el mundo está reprimido. Todo el mundo está reprimiendo sus deseos, todo el mundo está enfadado, todo el mundo se siente solo, frustrado. Hemos creado una generación enfadada; hemos creado filosofías vacías de significado.

Y todo esto se debe a que los niños han perdido el contacto con sus padres. Los niños pueden hacer un trabajo tremendo y tienen la valentía para hacerlo. Tal vez los padres no sean capaces de hacerlo; están demasiado condicionados. Los adolescentes son jóvenes y frescos; basta enseñarles a ser sinceros con sus padres.

Hice un contrato con mi padre. Le dije:

–Quiero hacer un contrato.

–¿Sobre qué? –me preguntó.

–El contrato es que si digo la verdad me recompensarás, no me castigarás –le dije–. Porque si me castigas, la próxima vez no diré la verdad.

Y eso es lo que está sucediendo en todo el mundo: se castiga la verdad; por eso las gentes dejan de decirla y empiezan a mentir, porque se recompensa la mentira.

Por eso le dije:

–Tuya es la decisión. Si quieres que te mienta, te mentiré…, si eso es lo que vas a premiar. Pero si estás dispuesto a premiar la verdad, diré la verdad, pero entonces no me podrás castigar por ello.

–Acepto el contrato –dijo–. Es un método sencillo. Si tú mismo no te puedes mostrar ante tu padre y tu madre…, en este mundo cualquiera es más extraño que ellos. Tu padre y tu madre también son extraños, pero son los extraños más próximos, los más íntimos.

Muéstrate ante ellos para que no haya ninguna brecha. Eso les ayudará a ser sinceros contigo. Esto es algo que hay que recordar: que la sinceridad, la honestidad, la verdad, provocan en la otra persona las mismas cualidades.

En esta temprana edad hay mucha timidez e inseguridad a la hora de tomar decisiones. A menudo los padres no son una ayuda. ¿Cómo desarrollar la fuerza interior?

Toda timidez está básicamente relacionada con el sexo. Una vez que los niños son totalmente libres de tener relaciones sexuales, observarás un cambio tremendo. Dejan de ser tímidos; por primera vez tienen capacidad de decisión sin haber sido entrenados para ello, porque se les ha quitado un gran peso biológico de encima, porque se ha relajado una gran tensión psicológica.

No veo que haya ninguna necesidad de enseñar a los niños a ser resolutivos. Lo único que hace falta es darles libertad en todo lo que se refiere al amor. Y ahora que la píldora está disponible, ya no hay que temer que cualquier joven se quede embarazada; es sencillo, es un juego, es un divertimento. Esto aportará a los jóvenes una cierta fuerza que tú no habrías podido concebir que estuviera conectada con su sexualidad.

Cuando la gente está reprimida se pone nerviosa con el sexo; cuando tiene una sexualidad reprimida, duda de todo. No sabe lo que está bien y lo que está mal, qué hacer y qué no hacer, porque no se le permite tomar una decisión, que es fundamental, sobre una cuestión muy básica, porque se trata de la vida en sí misma.

En mi opinión, una vez que se les da a los niños libertad sobre el sexo, y éste es aceptado como una cosa muy normal –eso es lo que es–, adquirirán una gran capacidad de decisión sobre otras cosas, porque por primera vez no estarán reprimidos. La represión ha creado todo tipo de problemas, timideces, indecisiones…, porque en el fondo estás continuamente luchando con tu propia naturaleza.

Cuando no hay una lucha interna ni una ruptura interna –sólo hay individuos sólidos– ves un nuevo tipo de niño frente a ti, con fuerza, con capacidad de decisión, sin timideces. Por lo tanto, este asunto puede solucionarse si se resuelve la primera parte sin ningún problema.

*Los adolescentes tienen un fuerte deseo de pertenecer
a un grupo, a cualquier cosa. ¿Qué está reflejando
esto?*

Esto sólo sucede porque han dejado de pertenecer a una familia, son demasiado jóvenes y están demasiado asustados para estar solos en el mundo.

Si no existiese esa brecha entre ellos y sus padres, no habrían hecho falta esos grupos. En Oriente puedes ver que no suceden este tipo de cosas: hippies, punks o cabezas rapadas. No ves que ocurran este tipo de cosas en absoluto, por la sencilla razón de que los niños pertenecen a su familia. Tienen raíces en su familia, no están solos; no existe una brecha como la que hay en Occidente.

La brecha generacional en Occidente está creando todo el problema. Quieren pertenecer a *cualquier* grupo porque les da miedo estar solos. Son demasiado jóvenes, demasiado vulnerables, por eso comienzan a pertenecer a cualquier grupo que haya en la vecindad. Y cualquiera los puede explotar. Pueden ser obligados a cometer un delito –están cometiendo delitos–, les pueden obligar a entrar en las drogas, a vender drogas y *ya* lo están haciendo. Y hay gente astuta que dirige esos grupos y explota a los jóvenes, todo por su necesidad de pertenecer. Para eso, también, primero hace falta que desaparezca la brecha.

En segundo lugar, debes crear otros grupos. A lo largo de la historia ha habido muchos. Por ejemplo, había gente que pertenecía a la escuela de Sócrates, jóvenes en busca de la verdad. Las personas más inteligentes de Atenas se pusieron bajo la influencia de Sócrates. Y no era el único: en todo Oriente existían muchos sofistas cuyo único trabajo consistía en enseñar a la gente a argumentar. Miles de jóvenes pertenecían a estas escuelas sofistas sólo para aprender a argumentar, unos argumentos muy refinados.

En la India tuvimos muchas escuelas –diferentes filósofos que proponían diferentes filosofías– y los jóvenes estaban interesados. Las personas mayores ya se habían asentado; los jóvenes eran la generación en movimiento. Nadie se lo impedía; podían ir a cualquier maestro. Podían cambiar de maestro, podían aprender muchísimo, y de pensadores originales; no como las universidades actuales, aburridas y muertas, donde sólo encuentras profesores nada originales, que son como loros.

Cada pensador original era una universidad en sí mismo, y miles de discípulos a su alrededor aprendían todo en la vida desde una cierta perspectiva; y no sólo lo aprendían sino que lo vivían, experimentándolo antes de asentarse en la vida. Por eso, en lugar de convertirse en cabezas rapadas estaban con Nagarjuna, Basho, Chuang Tzu, Pitágoras, Heráclito o Epicuro. Y eso fue algo hermoso.

Los jóvenes han venido a mí, y se ha formado una gran familia en todo el mundo. Hay un cierto pertenecer muy relajado, de modo que nadie se siente esclavizado; todo el mundo es libre y a la vez siente un tipo de sincronicidad con miles de personas.

Puedo cambiar a todos esos terroristas, a todos esos cabezas rapadas sin ninguna dificultad. He cambiado a muchos hippies; no los podrías reconocer. Puede que hasta ellos se hayan olvidado de la primera vez que vinieron a mí…

Necesitamos más filósofos ambulantes alrededor del mundo, más maestros ambulantes alrededor del mundo para que los jóvenes pueda asociarse con ellos, aprender algo y vivir algo.

Los adolescentes tienen a menudo fantasías y sueños respecto a su futuro. ¿Cómo podrían ser más realistas?

No necesitan serlo. Existe un momento para la fantasía, para los sueños, y es bueno para los adolescentes tener fantasías y sueños en lugar de hacerlos realistas. Eso significa que estás destruyendo su juventud y los estás haciendo adultos antes de que les corresponda.

No, esos sueños y fantasías son parte de su crecimiento; desaparecerán espontáneamente. La misma vida los hará más realistas; antes de que se incorporen a la vida, déjales disfrutar de sus sueños, porque en la vida sólo hay pesadillas, sólo hay miserias y sufrimientos. Se volverán muy realistas pero siempre recordarán esos días de sueños y fantasías como los más bellos. ¿Qué es lo que tu realidad puede ofrecer en lugar de sueños y fantasías?

A no ser que estés dispuesto a que los adolescentes empiecen a meditar…, eso no les hará realistas, los hará utópicos. Eso les hará mucho más difícil adaptarse a tu podrida sociedad que los sueños y las fantasías.

Esos sueños y esas fantasías no les pueden hacer daño. Forman parte de la vida; por eso la juventud siempre ha fantaseado y soñado.

Déjalos soñar y fantasear, no te están haciendo daño. Y pronto estarán cargados de obligaciones, trabajos, niños, esposas. Antes de eso tienen poco tiempo; déjales que lo empleen en sus fantasías, no les hace ningún daño.

Por lo que a mí respecta, siento que la experiencia de ese tiempo de ensueño les ayudará a recordar que la vida puede ser diferente: no tiene por qué ser miserable, no tiene por qué ser un sufrimiento. No es necesariamente una desdicha.

Han vivido con belleza, y eso sólo eran sueños. Existe la posibilidad de tener una transformación consciente en la cual puedes tener experiencias mucho más bellas que en ningún sueño. Pero el sabor de los sueños es bueno; te mantendrá alerta ante el hecho de que no todo lo que hay es sufrimiento. Existen más posibilidades.

La juventud es la época de los sueños y las esperanzas, y cuando estás perdido en el así llamado mundo real, esos momentos te harán recordar: «¿Realmente existe alguna forma de encontrar un estado de paz, serenidad, silencio y alegría?»

Por eso, no creo que haya ninguna necesidad de cambiar nada.

¿Puedes hablar, por favor, sobre la juventud y los deportes, algo que hoy tiene un impacto tan fuerte en la vida de los jóvenes?

Es un gran desahogo que sea la última pregunta, porque estos adolescentes ¡nunca se cansan de preguntar!

Los deportes están muy bien, y se debería animar a los adolescentes a que no sean sólo observadores de los jugadores, sino que también participen. Lo que sucede es que hay miles de personas que solamente miran, y sólo unos cuantos profesionales juegan. Esta situación no es buena. Deberían participar todos los adolescentes porque les va a proporcionar salud física, un cierto tipo de agilidad, una cierta inteligencia, y es perfecto para los jóvenes.

Pero ser sólo un observador –y además delante de un televisor– no está bien. No está bien pasarse cinco o seis horas pegado a la silla delante del televisor mirando a otros jugar al fútbol o cualquier otro deporte. No te hace crecer. Al contrario, esto te convierte en un extraño en todo, nunca en un participante, cuando es muy necesario ser un participante, estar implicado, comprometido.

De vez en cuando está bien ver jugar a los expertos, para aprender, pero sólo para aprender; de otro modo, todo el mundo debería estar en las canchas. No veo cuál es el problema. Los jóvenes deberían jugar; también deberían jugar las gentes mayores, si encuentran tiempo. Incluso los jubilados deberían jugar, aquellos que quieran vivir un poco más. Deberíamos encontrar juegos para cada grupo de edad de modo que todo el mundo se dedicase a jugar durante toda su vida, de acuerdo con su edad y de acuerdo con su fuerza. Pero la vida debería ser un deporte.

El deporte tiene algo muy hermoso que me gustaría que recordarais: te enseña que no importa si sales derrotado o si sales victorioso. Lo que importa es que juegues bien, que juegues totalmente, que juegues intensamente, que lo des todo y no te guardes nada. Eso es deportividad. Los otros pueden salir victoriosos, no hay celos; puedes felicitarlos y puedes celebrar su victoria. Lo único que se necesita es que no te guardes nada, que pongas en ello todas tus energías.

Toda tu vida debe de ser un juego.

Por eso no hay nada malo en que los adolescentes se interesen por los deportes. La persona que está preguntando parece estar interesada en que pasen todo el día en las escuelas aprendiendo geografía, historia y todo tipo de tonterías que no sirven para nada en la vida. Los deportes son mucho más importantes, mucho más sanos, mucho más *vivos*.

Muchos jóvenes escogen tener un aspecto feo. Se visten como punks o como cabezas rapadas, afeitándose parte del pelo y tiñendo el resto con colores extravagantes. También prefieren vestir ropa hecha harapos. ¿Podrías, por favor, comentar algo sobre este extraño fenómeno?

No es nada extraño. Es un comentario sobre ti. Están aburridos de tu estilo de vida occidental. Simplemente, están mostrando su resentimiento. Están señalando que no has dirigido tu sociedad hacia la verdad, hacia la tranquilidad, hacia la divinidad, la has dirigido hacia la muerte.

Los punks y los cabezas rapadas son sólo recordatorios de que has fracasado. La civilización occidental ha llegado a su final. Naturalmente, siempre es la juventud la que está más vulnerable a lo que viene, la más receptiva. Pueden ver que está llegando la muerte, que todos los científicos occidentales, los políticos occidentales, las iglesias occidentales, están preparando un gran cementerio para toda la humanidad. Con su ropa extravagante, sus harapos, cortándose la mitad del pelo, sólo están indicando que todavía hay tiempo para abandonar la línea que has estado siguiendo hasta ahora.

En Oriente nunca ha sucedido nada parecido, por la sencilla razón de que Oriente ha estado buscando algo más elevado que el hombre. El genio oriental está tratando de alcanzar las estrellas, y el genio occidental se está preparando para la muerte. Esos punks y esos cabezas rapadas sólo están tratando de decirte algo; son simbólicos. Saben que eres sordo y que no escucharás.

Hay que hacer algo drástico para que empieces a pensar: «¿En qué nos hemos equivocado? ¿Por qué se comportan nuestros niños de esta manera?» ¿Qué te esperabas? Te estás preparando para una guerra nuclear; estás preparando la muerte de toda la vida en esta Tierra.

Estas personas no son un fenómeno extraño: tú eres el fenómeno extraño. Simplemente, se están rebelando contra ti y sería bueno que les escucharas. Y sería bueno cambiar el camino que Occidente ha estado siguiendo hasta ahora, el camino del materialismo. No estoy en contra del materialismo, pero el materialismo a secas sólo puede conducir a la muerte, porque la materia está muerta.

Estoy absolutamente a favor del materialismo si está al servicio de fines espirituales. Si el materialismo es un sirviente y no el maestro, entonces está bien. Puede hacer milagros para ayudar a la humanidad, para elevar su conciencia y su dicha, para levantar a la humanidad por encima de la humanidad.

Estás demostrando que Charles Darwin estaba equivocado, porque los monos eran más inteligentes que tú. Por lo menos fueron más allá de sí mismos y crearon la humanidad. ¿Qué es lo que tú has creado? Ve más allá de ti mismo y crea budas; sólo entonces Charles Darwin será verdad, y se demostrará la teoría de la evolución.

El hombre está atascado, y la juventud te lo está señalando; y tienen que ser extravagantes, porque tú harás oídos sordos a la lógica, a la razón, a la inteligencia.

Siento compasión por estas personas; me gustaría conocerlas. Estaré de acuerdo con ellas inmediatamente porque puedo entender su sufrimiento y su angustia. Podrían resultar ser tus salvadores. No te rías de ellas; ríete de ti mismo. Son tus hijos; los has creado y debes tomar la responsabilidad. A un padre se le conoce por sus hijos, al igual que al árbol se lo conoce por sus frutos. Si los frutos están envenenados, entonces ¿a quién vas a culpar, a los frutos o al árbol? Tú eres el árbol, y esos jóvenes de loca apariencia son los frutos. De alguna forma eres responsable. Son un interrogante para ti. Piensa en ellos con compasión.

Mi opinión es que Occidente ha llegado a su fin. No habrá manera de salvarlo a menos que un enorme movimiento de espiritualidad comience a extenderse por el mundo occidental, y eso es lo que estoy tratando de hacer.

Mis *sannyasins* * también son jóvenes; si no fueran mis sannyasins, quizá habrían sido punks, habrían sido cabezas rapadas. Pero han encontrado una manera de vivir en niveles más elevados del ser. También están en rebelión; pero su rebelión no es una reac-

---

* Renunciante espiritual, en este caso discípulo de Osho. *(N. del T.)*

ción, es una revolución. Están tratando de vivir una vida de paz, amor, silencio y luz.

Han escogido una nueva forma de vida.

A menos que entiendas que Occidente tiene una necesidad urgente de una nueva forma de vida, cada vez habrá más reacciones extravagantes a tu alrededor, y tú serás el responsable.

La joven generación está haciendo uso de todo tipo de drogas euforizantes para que valga la pena vivir. ¿Puedes hablarnos de nuestra natural capacidad para sentir el éxtasis?

El éxtasis es un lenguaje que el hombre ha olvidado completamente. Ha sido forzado a olvidarlo; se le ha exigido que lo olvide. La sociedad está en su contra, la civilización está en su contra. La sociedad tiene un tremendo interés en el sufrimiento. Depende del sufrimiento, se alimenta del sufrimiento, sobrevive por el sufrimiento. La sociedad no es para seres humanos. La sociedad está utilizando a los seres humanos como medios para poder existir. La sociedad se ha vuelto más importante que la humanidad. La cultura, la civilización, la Iglesia, todas estas instituciones se han vuelto más importantes. Estaban pensadas para el hombre, pero ahora no lo son. Han invertido casi todo el proceso; ahora, el hombre existe para ellas.

Todos los niños nacen en éxtasis. El éxtasis es natural. No es algo que les suceda sólo a los grandes sabios. Es algo que todo el mundo trae consigo a este mundo; todo el mundo viene con ello. Es el núcleo esencial de la vida. Es parte del estar vivo. La vida es éxtasis. Cada niño lo trae consigo al mundo, pero entonces la sociedad se abalanza sobre él, comienza a destrozar su posibilidad de éxtasis, a hacerle sufrir, a condicionarle.

La sociedad es neurótica y no puede permitir la existencia de personas extáticas. Son peligrosas para ella. Trata de comprender el mecanismo; entonces todo será más fácil.

Tú no puedes controlar a un hombre extático: es imposible. Sólo puedes controlar al hombre desgraciado. Un hombre extático es inevitablemente libre. El éxtasis es la libertad. No puedes destruirlo tan fácilmente; no puedes convencerle para que viva en una prisión. Le gustaría bailar bajo las estrellas, caminar con el viento, hablar con el sol y la luna. Necesitará lo vasto, lo infinito, lo grande, lo enorme. No le puedes seducir para que viva en una oscura celda. No puedes convertirle en un esclavo. Vivirá su propia vida y hará lo que desee. Eso es muy difícil para la sociedad. Si hay mucha gente extática, la sociedad sentirá como si se estuviera desintegrando, su estructura no podrá aguantarlo.

Por eso, desde la infancia no se le permite probar la libertad al niño, porque una vez que sepa qué es la libertad, no hará concesiones, no transigirá. Se impondrá. Una vez que el niño conoce el sabor de la libertad, nunca formará parte de ninguna sociedad, Iglesia, club o partido político. Seguirá siendo un individuo, seguirá siendo libre y creará una pulsación de libertad a su alrededor. Su mismo ser se convertirá en una puerta a la libertad. ¿Qué es el éxtasis? ¿Es algo que hay que alcanzar? No. ¿Es algo que te tienes que ganar? No. ¿Es algo en lo que te tienes que convertir? No. El éxtasis es ser; alcanzar es sufrimiento. Si quieres alcanzar algo, serás desgraciado. El alcanzar algo es la misma raíz del sufrimiento. Si quieres ser extático, entonces es ahora, aquí y ahora, en este momento. Mírame. En este mismo momento –nadie te está obstruyendo el camino– puedes ser feliz. La felicidad es tan obvia y tan fácil... Es tu naturaleza. Ya la llevas contigo. Basta que le des una ocasión para que florezca, para que eclosione.

El éxtasis no es de la cabeza, recuérdalo. El éxtasis es del corazón. El éxtasis no es un pensamiento; es una sensación. Y a ti se te ha negado esta sensación. Te han separado de ese sentimiento. No conoces esa sensación. Hasta cuando dices: «Siento», sólo piensas que sientes. Cuando dices: «Me siento feliz», observa, analiza, y te darás cuenta de que piensas que te sientes feliz. Hasta el sentimiento tiene que pasar a través del pensamiento. Tiene que pasar a través de la censura del pensamiento; sólo es permitido cuando el pensamiento da el visto bueno. Si el pensamiento no lo aprueba, es lanzado al inconsciente, al sótano de tu ser, y es olvidado.

Vuélvete más corazón, menos cabeza. La cabeza es sólo una parte; el corazón es todo tu ser. El corazón es tu totalidad. Por eso, siempre que eres total en algo funcionas desde los sentimientos. Siempre que eres parcial en algo funcionas desde la cabeza.

Siempre que eres total en algo, te sientes extático. El éxtasis es del corazón, es de la totalidad.

¿Por qué la gente toma drogas?

Las drogas son tan antiguas como la misma humanidad, y, desde luego, satisfacen algo de inmenso valor. Estoy en contra de las drogas, pero estoy en contra de las drogas por la misma razón que durante miles de años la gente ha sido adicta a las drogas. Podría parecer muy extraño. Las drogas son capaces de darte experiencias alucinógenas más allá del mundo ordinario. Esta es la misma experiencia que se busca a través de la meditación.

La meditación te da la experiencia real, la droga te da únicamente una alucinación, una experiencia como un sueño, pero muy similar. Meditar es difícil. La droga es barata. Pero la atracción por las drogas es espiritual.

El hombre no está satisfecho con su existencia mundana. Quiere saber algo más. Quiere ser algo más. La vida corriente sin más le parece aburrida, sin significado, y si esto es todo, el suicidio le parece la única salida. No le da éxtasis ni alegría. Al contrario, continúa amontonando cada vez más sufrimiento, más ansiedad, enfermedad, vejez y, finalmente, muerte.

Por esta razón las drogas han atraído al hombre desde el principio. Y al menos le han proporcionado un alivio temporal. Sólo unos pocos han probado la meditación.

Bajo una guía apropiada –médica, meditativa– las drogas pueden ser de inmensa ayuda. Digo que estoy en contra de las drogas porque si se convierten en una adicción, entonces serán muy destructivas para tu viaje hacia el ser. Entonces te quedas hechizado con las alucinaciones. Y como es barata, no hay que hacer ningún esfuerzo, basta con tomar dosis cada vez mayores...

Durante miles de años las gentes han estado usando drogas. Los moralistas, la gente religiosa, los gobiernos han tratado de prohibirlas sin ningún éxito. Y no puedo ver que vayan a conseguirlo nunca.

La única manera de tener éxito es lo que estoy sugiriendo. En vez de prohibir las drogas, deja que los científicos encuentren drogas mejores que produzcan experiencias más profundas y más psicodélicas, más coloridas, más extáticas y sin efectos secundarios, y sin ninguna adicción. Y deben de estar disponibles en las universidades, en los colegios, en los hospitales; donde sea posible algún tipo de dirección, donde no se le prohíba a la persona, donde se le dé total libertad para usar lo que quiera. Y nosotros usemos su experiencia para ayudarle a crecer hacia un proceso auténtico, de modo que él pueda comenzar a experimentar algo mucho más grande de lo que cualquier droga puede dar.

Sólo entonces puede comparar y ver que una sólo era un sueño, y que esto es la realidad, y que con la primera sólo me estaba engañando a mí mismo a través de la química: «Y la primera no me ayudaba en mi crecimiento espiritual. De hecho, estaba impidiendo ese crecimiento, manteniéndome adicto y retrasado.» La segunda experiencia continúa creciendo y entonces él junta coraje para seguir explorando.

Él nunca fue consciente de que esas experiencias eran posibles, que esas experiencias no eran sólo ficción.

Por eso, esta paranoia con las drogas no ayuda a la humanidad. Puedes ilegalizar las drogas, no cambia nada. De hecho, se vuelven más atractivas, más excitantes. Se convierten en un desafío, especialmente para la juventud.

A veces me pregunto si el hombre va a aprender alguna vez el ABC de la psicología humana. La misma estupidez que Dios cometió con Adán y Eva continúa: la prohibición. No comáis del fruto de ese árbol. Pero eso se convierte en una invitación. Eso se convierte en un desafío.

Y han pasado miles de años, pero las figuras de autoridad están todavía del mismo humor: no uses las drogas; si no, pena de cárcel durante cinco años, siete años. Y a nadie le preocupa que las drogas estén disponibles en las cárceles. Sólo tienes que pagar un precio ligeramente más alto. Y las gentes que salen de la cárcel no están curadas. Vuelven porque…, la razón es que la droga les da algo que tu sociedad no les está dando.

Están dispuestos a destruir su salud, su cuerpo, toda su vida se convierte en un desastre, pero todavía esa droga les da algo que tu sociedad no les da.

Por eso, en vez de impedírselo, crea una sociedad que dé algo que sea mejor. Tu vida no les da nada. Les chupas la sangre y ¿qué les das a cambio? Ninguna alegría, sólo ansiedad y más ansiedad. El alcohol destilado les hace relajarse durante unas horas: cantar una canción, bailar un poco, o pelearse en el pub.

Pero durante unas horas son transportados fuera de tu mundo. Esa misma atracción demuestra que tu mundo está mal, no que el alcohol esté mal.

Tu sociedad debería ayudar a que las gentes bailen, canten, disfruten, amen.

Estoy en contra de las drogas porque pueden convertirse en una adicción y pueden impedir tu crecimiento espiritual. Puedes empezar a pensar que has alcanzado lo que estabas buscando, pero tus manos están vacías. Sólo estás soñando.

Pero, por otra parte, tengo una mente muy científica. Me gustaría que se usaran las drogas, no que fueran prohibidas, si no usadas con una dirección apropiada, como un escalón hacia la meditación.

Los gobiernos deberían prestar más atención para mejorar las drogas en lugar de impedírselo a la gente. En el momento que haya disponibles en el mercado drogas mejoradas, las demás drogas desaparecerán. No hace falta prohibir nada en el mundo. Sencillamente fabrica algo mejor, algo mejor, más barato, legal. Entonces, ¿quién se va a interesar en la marihuana, en el hachís, en la heroína?; ¿para qué? No habrá motivos.

Habrá algo mejor disponible en la farmacia sin receta. Incluso podrás reservar una plaza para ti en el hospital, los médicos podrán vigilarte mientras estás experimentando los efectos de la droga. Los meditadores pueden ayudarte a entender qué te ha sucedido. Y esto es posible muy fácilmente a través de la meditación.

Bastarán una o dos sesiones con un guía. Esta persona puede ser conducida hacia la meditación. Y una vez que va hacia la meditación, las drogas dejarán de tener importancia.

Todos los esfuerzos de los científicos y de los gobiernos deben ser para entender que si algo ha sido tan atractivo durante toda la historia de la humanidad, y si ningún gobierno ha tenido éxito en prohibirla, entonces debe de estar satisfaciendo alguna necesidad. Y a menos que esa necesidad se satisfaga de alguna otra forma, las drogas van a seguir en el mundo. Y son destructivas.

Y cuanto más los gobiernos están en su contra, más destructivas se vuelven, porque nadie puede refinarlas un poco, nadie puede hacer experimentos con ellas, ni siquiera se le permite a nadie decir lo que yo estoy diciendo.

Pero lo puedo decir precisamente porque estoy en contra de las drogas. Aunque esto no quiere decir que no puedan ser usadas. Pueden ser usadas como un medio, no son un fin en sí mismas.

Y si podemos esperar un futuro libre de drogas, si el hombre se vuelve naturalmente meditativo… Y eso es posible. Si un niño encuentra a su padre meditando, a su madre meditando, a todo el mundo meditando, le empezará a entrar la curiosidad. Él también querrá meditar.

Y a esa edad la meditación es muy sencilla porque el niño, todavía, no ha sido corrompido por la sociedad. Es inocente.

Y si todo el mundo a su alrededor está haciendo algo y disfrutando al hacerlo, él no se va a quedar atrás. Se sentará con ellos con los ojos cerrados. Al principio quizá se rían de él diciendo que eso no es para niños. Pero no entienden. Es más fácil para los niños que para los así llamados adultos.

La atmósfera de la meditación, en las escuelas, los colegios, las universidades, donde quiera que la persona vaya, encontrará una atmósfera que alimente su propia meditación.

Me gustaría ver que las drogas no son necesarias en el mundo.

Pero no a través de las prohibición, sino a través de crear algo mejor, algo real. Las drogas serán derrotadas sin ninguna dificultad, pero estos estúpidos gobiernos siguen dándole importancia a las drogas y siguen destrozando a la juventud en todo el mundo.

El momento más precioso de la vida es desperdiciado en alucinaciones, y cuando se dan cuenta de lo que se han hecho a sí mismos, quizá es demasiado tarde. No pueden regresar a un estado normal. Su cuerpo se ha acostumbrado a tener en él algún tipo de química. Entonces incluso sin desearlo tienen que seguir inyectándose con todo tipo de venenos.

O si alguien no ha probado drogas duras, regresa, entonces encuentra la vida mucho más insípida, más insípida de lo que tú la encuentras porque él ha visto algo hermoso. La comparación siempre permanece.

Ha hecho el amor bajo el impacto de una droga y se ha sentido en la cima del mundo. Y ahora está haciendo el amor y se da cuenta de que no es más que algo parecido a un estornudo. Uno se siente bien; estornudas y te sientes bien, pero no es algo por lo que valga la pena vivir. Nadie puede decir: «Estoy aquí sólo para estornudar.»

Todo mi esfuerzo es traer algo más grande que lo que las drogas pueden traer, y ese es el factor decisivo. Si algo puede suceder a través de la meditación, a través de sannyas, a través de grupos, que pueda darte un mejor atisbo, sin coste alguno… Tú no estás pagándolo con tu salud, con tu química, destrozado tu cuerpo y otras cosas. No te está costando nada, ¡y sucede! Tú eres el maestro y para ello no tienes que depender de nada. Puedes disponer de ello cuando lo desees. Una vez que conoces la llave, puedes abrir la puerta siempre que quieras. Necesitas que a tu disposición esté algo más grande, más elevado.

En todo el mundo éste ha sido el problema a lo largo de la historia: las gentes han tratado de ayudar a otros a solucionar sus problemas con las drogas, y casi siempre han fallado porque no pueden darles nada mejor. La gente también quiere salir de allí; todo el mundo quiere dejarlo porque es una esclavitud y entienden que se están creando una esclavitud sutil, que se hará cada vez más grande hasta que un día se encontrará rodeado de murallas, murallas chinas, y que será muy difícil salir de allí. Con tu propio esfuerzo, te estás creando un muro muy grande, y despúes será difícil destruirlo; estarás atrapado en él. Toda tu vida se convertirá en una especie de enfermedad.

Y es un círculo vicioso. Si tomas una droga, mientras estás bajo su impacto todo te parece bien. Después, cuando termina, todo te parece aburrido, tan sin sentido que parece que la droga es la única posibilidad, una y otra vez. Entonces la cantidad de droga tiene que ser aumentada y poco a poco uno se pierde. Las drogas son tan poderosas que destruyen hasta la química de tu cerebro. El cerebro es muy delicado; no puede vivir haciéndosele unas coerciones tan violentas. Esos nervios diminutos y sutiles empiezan a estropearse. Entonces uno pierde su capacidad de estar alerta, su inteligencia, se vuelve aburrido, se vuelve insensible. Entonces la droga queda como la única posibilidad, lo único que tiene significado.

Pero no basta con decir estas cosas. Únicamente predicar no ayuda. Sólo decir que es malo y es pecado, no ayuda; de hecho, ¡empeora el problema! La persona ya está sufriendo y ahora le creas otro problema –que es un pecado– para que, además, se sienta culpable. La droga era suficiente para destruirlo; ahora la culpa acabará de destruirle. Estás añadiendo más venenos al problema. Haces a la persona inmoral, criminal, y todas estas actitudes son erróneas.

La persona necesita ayuda, necesita compasión, necesita amor. Quizá la persona no haya conocido el amor, y por eso ha ido en esa dirección. Tal vez la sociedad, los padres, no le han dado lo que necesitaba. Por eso la persona se ha despistado. La persona necesita de toda la atención, el amor y el cuidado, pero incluso eso no ayudará, a menos que la persona llegue a conocer y a sentir algo que es más grande y mayor que lo que cualquier droga te puede proporcionar.

¿Por qué tenemos miedo, y en ocasiones hasta nos
ofendemos, por tener que responsabilizarnos de noso-
tros mismos?

Esto es así porque desde tu primera infancia se te ha enseñado a no ser responsable. Se te ha enseñado a depender. Se te ha enseñado a ser responsable hacia tu padre, tu madre, tu familia, tu patria y todo tipo de bobadas. Pero no te han dicho que tienes que ser responsable de ti mismo, que nadie va a asumir tu responsabilidad. No, al contrario, tus padres estaban asumiendo tu responsabilidad. Tu familia estaba asumiendo tu responsabilidad. El sacerdote estaba asumiendo la responsabilidad por tu crecimiento espiritual. Tú sólo tenías que seguir a todas esas personas y hacer todo lo que te decían. Cuando eres un adulto y dejas de ser un niño, surge un gran miedo porque tienes que asumir tu responsabilidad y no has sido preparado para eso.

Le confiesas tu pecado al sacerdote... ¿qué tipo de estupidez estás haciendo? Primero, pensar que has cometido un pecado; segundo, sentirte culpable de que lo has cometido; tercero, ahora tienes que ir al sacerdote a confesarlo, para que él pueda rezarle a Dios para que te perdone. Una cosa simple se ha convertido en algo complejo, tan innecesariamente largo y lleno de circuitos.

Todo lo que hayas hecho, querías hacerlo, por eso lo has hecho. Y ¿quién está ahí para decidir qué es pecado o qué no lo es? No existe criterio en ningún lugar, no hay una balanza para lo que has cometido: un kilo, dos kilos, tres kilos. ¿Cómo de largo es el pecado que has cometido?: ¿un metro, dos metros, tres metros? ¿Qué era este pecado, y quién era este sacerdote al que acudes a confesarte?

Yo te enseño a que no seas responsable frente a nadie; padre, madre, patria, religión, partido; no seas responsable frente a nadie. No lo eres. Sólo sé responsable ante ti mismo. Haz lo que sientas. Si está mal, le seguirá inmediatamente el castigo. Si está bien, le seguirá inmediatamente la recompensa, instantáneamente. No hay otra manera.

De esta manera empiezas a saber tú mismo lo que está mal y lo que está bien. Desarrollarás una nueva sensibilidad. Empezarás a mirar con una nueva visión. Instantáneamente sabrás lo que está mal, porque en el pasado lo has hecho tantas veces y siempre has sufrido en consecuencia. Sabrás lo que está bien, porque siempre que lo has hecho la existencia te llenó de bendiciones. Causa y efecto van juntas, no están separadas por años o por vidas.

Entonces eres responsable. Si deseas y disfrutas un determinado acto, a pesar de que te traiga sufrimiento, hazlo. Es bueno porque lo disfrutas. El sufrimiento no es suficientemente grande como para impedir el disfrute que tu acción te reporta. Pero depende de ti total y únicamente el decidir. Si el sufrimiento es demasiado y el acto no te aporta nada, no te aporta alegría y necesariamente le sigue una larga angustia; entonces depende de ti el sér un absoluto idiota, y ¿qué pueden hacer los demás al respecto?

Eso es lo que quiero decir con ser responsable de ti mismo. No hay nadie sobre quien puedas descargar tu responsabilidad; sin embargo, siempre estás buscando a alguien para descargarla, incluso en un pobre hombre como yo que te está diciendo continuamente que no soy responsable de nada ni de nadie. A pesar de todo, de alguna forma, en el fondo sigues manteniendo la ilusión de que debo de estar bromeando.

No estoy bromeando. Él es nuestro maestro, estarás pensando, ¿cómo puede decir que él no es responsable? Pero tú no entiendes. Descargando tu responsabilidad en mí, permanecerás retrasado, infantil. Nunca crecerás. La única manera de crecer es aceptar todo lo bueno, lo malo, lo alegre, lo triste. Tú eres responsable de todo lo que te sucede. Eso te da una gran libertad.

Disfruta de esa libertad. Regocíjate con esta gran comprensión: eres responsable de todo en tu vida. Eso te hará lo que yo llamo un individuo.

Educación

¿Qué es aprender?

APRENDER no es conocimiento. El aprender se ha identificado demasiado con el conocimiento. Es justo lo contrario del conocimiento. Cuanto más instruida es una persona, menos capaz es de aprender. Por eso los niños son más capaces de aprender que los adultos. Y si los adultos quieren también seguir aprendiendo, tienen que ir olvidando todo lo que han aprendido. Tienen que ir muriendo ante todo aquello que se ha convertido en conocimiento para ellos. Si almacenas tus conocimientos, tu espacio interno se vuelve demasiado pesado con el pasado. Acumulas demasiada basura.

El aprendizaje sólo sucede cuando hay espacio. El niño tiene ese espacio, esa inocencia. La belleza del niño consiste en que funciona desde un estado de no saber, y ese es el secreto fundamental del aprender: funcionar desde un espacio de no saber.

Fíjate, mira, observa, pero nunca te hagas una conclusión. Si ya has llegado a una conclusión, el aprendizaje se detiene. Si ya sabes, ¿qué te queda por aprender? Nunca funciones desde respuestas prefabricadas a las que has llegado a través de escrituras, universidades, profesores, padres o, quizá, tu propia experiencia.

Todo lo que has conocido tiene que ser descartado en favor del aprendizaje. Entonces seguirás creciendo, entonces no existe un final para el crecimiento. Entonces la persona sigue siendo como un niño, inocente, lleno de asombro y admiración hasta el final. Sigue aprendiendo incluso cuando se está muriendo. Aprende de la vida, aprende de la muerte. Y la persona que ha aprendido de la vida y que ha aprendido de la muerte va más allá de ambas; entra en lo trascendental.

El aprender es receptividad, el aprender es vulnerabilidad. El aprender es apertura, apertura sin fin.

El hombre nace como una semilla. Nace como potencialidad. No nace como una realidad. Y esto es muy especial, es extraordinario, porque en el conjunto de la existencia, sólo el hombre nace como una potencialidad; cualquier otro animal nace como algo actualizado.

Un perro nace un perro, seguirá igual toda su vida. El león nace león. El hombre no nace hecho un hombre, el hombre nace como una semilla: puede que se convierta en un hombre, puede que no. El hombre tiene futuro; ningún otro animal tiene futuro. Todos los animales nacen instintivamente perfectos. El hombre es el único animal imperfecto. De ahí que sea posible un crecimiento, una evolución.

La educación es el puente entre la potencialidad y la realidad. La educación está para ayudarte a convertirte en eso que sólo existe en forma de semilla.

Y eso es lo que estoy haciendo aquí; este es un lugar para la educación. Lo que se está haciendo en las escuelas normales, en los colegios, en las universidades, no es educación. Sólo te prepara para conseguir un buen trabajo, un buen sueldo; no es verdadera educación. No te da vida. Tal vez te pueda dar mejorar tu nivel de vida, pero mejorar tu nivel de vida no es una mejor calidad de vida; no son sinónimos.

La así llamada educación que existe en el mundo sólo te prepara para ganarte tu pan. Y Jesús dijo: «No sólo de pan vive el hombre.» Y eso es lo que han estado haciendo tus universidades, te preparan para que te ganes el pan de una manera mejor, con más facilidad, de una manera más cómoda, con menos esfuerzo, con menos penalidades. Es una educación muy primitiva: no te prepara para la vida.

Por eso ves a tantos robots dando vueltas. Son perfectos como dependientes, jefes de estación o recaudadores. Son perfectos, son habilidosos, pero si les miras profundamente, son sólo mendigos y nada más. No han probado ni siquiera un poco de la vida. No han conocido lo que es la vida, lo que es el amor, lo que es la luz. No han conocido nada de la divinidad, no han probado nada de la existencia, no saben cómo cantar, cómo bailar ni cómo celebrar. No conocen la gramática de la vida; son totalmente estúpidos. Sí, ganan —ganan más que otros, son muy hábiles y siguen ascendiendo cada vez más alto en la escalera del éxito—, pero sus interiores están vacíos, pobres.

La educación es para darte riqueza interior. No es sólo para hacerte más informado; esta es una idea muy primitiva de la educación. La llamo primitiva porque tiene sus raíces en el miedo, sus raíces en él: «Si no estoy bien educado, no seré capaz de sobrevivir.» La llamo primitiva porque en el fondo es muy violenta: te enseña a competir, te hace ambicioso. No es otra cosa que una preparación para un mundo competitivo (cortacabezas) donde todo el mundo es el enemigo de todo el mundo. Por eso el mundo se ha convertido en un manicomio. El amor no puede suceder. ¿Cómo puede haber amor en un mundo tan violento, ambicioso, competitivo, donde todo el mundo se tira a la garganta del otro? Es muy primitivo porque está basado en el miedo de que: «Si no estoy bien educado, bien protegido, altamente informado, podría no ser capaz de sobrevivir en la lucha por la vida.» Se toma la vida sólo como una lucha.

Mi visión de la educación es que la vida no debe de tomarse como una lucha por la supervivencia; la vida se debe de tomar como una celebración. La vida no debe de ser sólo una competición, debe de ser también disfrute. Cantar, bailar, poesía, música, pintura y todo lo que hay disponible en este mundo: la educación debe de prepararte para armonizarte con esto, con los árboles, los pájaros, el cielo, el Sol y la Luna.

Y la educación te debería preparar para ser tú mismo. Ahora mismo te está preparando para ser un imitador; te enseña cómo ser como los demás. Eso es maleducar. Una educación correcta te enseñará cómo ser tú mismo, auténticamente tú mismo. Eres único. No hay nadie como tú, nunca lo ha habido y nunca lo habrá. Ese es un gran respeto que la existencia te ha concedido. Esa es tu gloria, que eres único. No te conviertas en un imitador, no te conviertas en una copia.

Pero esto es lo que continúa haciendo tu supuesta educación: hace copias exactas; destruye tu rostro original. La palabra «educación» tiene dos significados, ambos son hermosos. Un significado es muy conocido, aunque no se practica en absoluto, esto es: sacar algo de ti. «Educación» significa: sacar algo que está en tu interior, actualizar tu potencial, como cuando sacas agua de un pozo.

Pero esto no se practica. Al contrario, se vierten cosas en ti, no se sacan cosas de ti. Se siguen vertiendo la geografía, la historia, las ciencias y las matemáticas. Te conviertes en loro. Te han tratado como a un ordenador; del mismo modo que introducen información en los ordenadores, te la introducen a ti. Tus instituciones educativas son lugares donde te siguen atiborrando la cabeza de cosas. Una educación real extraerá lo que está oculto en ti –lo que la existencia ha colocado en ti como un tesoro– para descubrirlo, para revelarlo, para hacerlo luminoso.

Y otro significado de la palabra, que es aún más profundo, «educación» viene de la palabra *educare*; significa conducirte de la oscuridad a la luz. Un significado tremendamente importante: conducirte de la oscuridad a la luz.

El hombre vive en la oscuridad, en la inconsciencia, y el hombre es capaz de llenarse de luz. La llama está ahí; tiene que ser provocada. La conciencia está ahí, pero tiene que ser despertada. Se te ha dado todo, la has traído contigo; pero la idea de que ya eres un hombre sólo por tener un cuerpo humano está equivocada, y esa idea ha sido la causa de tremendas maldades a través de los tiempos.

El hombre nace como una oportunidad, como una ocasión. Y muy poca gente lo logra: un Jesús, un Buda, un Mahoma, un Bahaudin. Muy poca gente, pocos y alejados en el tiempo, se convierten realmente en hombres, cuando se llenan de luz y no queda nada de oscuridad, cuando no queda ningún inconsciente rezagado en algún lugar de tu alma, cuando todo es luz, cuando eres sólo consciencia. Entonces la vida es una bendición.

La educación es traerte de la oscuridad a la luz. Eso es lo que estoy haciendo aquí. Te estoy enseñando a ser tú mismo. Estoy enseñándote a que no tengas miedo; te estoy enseñando a no rendirte a la presión social; te estoy enseñando a no ser un conformista. Te estoy enseñando a que no persigas el bienestar y la comodidad, porque si persigues el bienestar y la comodidad, la sociedad te los dará, pero pagarás un precio. Y el precio es muy alto: consigues comodidad, pero pierdes conciencia. Consigues bienestar, pero pierdes tu espíritu.

Puede que seas respetable, pero entonces no serás auténtico contigo; eres un ser seudohumano; has traicionado a la existencia y te has traicionado a ti mismo. Pero la sociedad quiere eso, que te traiciones a ti mismo. La sociedad quiere usarte como una máquina, la sociedad quiere que seas obediente. La sociedad no te necesita para que funciones como un ser inteligente, porque un ser inteligente se comportará de un modo inteligente y habrá momentos en los que dirá: «No, no puedo hacer esto.»

Por ejemplo, si eres realmente inteligente y consciente, no puedes formar parte de ningún ejército. Imposible. Para ser parte de un ejército necesitas, como requisito básico, ininteligencia. Por eso en el ejército tratan de destruir, por todos los medios, tu inteligencia. Se necesitan años para destruir tu inteligencia; lo llaman «instrucción». Hay que atender órdenes estúpidas: vuelta a la derecha, vuelta a la izquierda, marcha adelante, marcha atrás —esto y aquello— y lo están haciendo todos los días, mañana y tarde. Poco a poco la persona se convierte en un robot, comienza a funcionar como una máquina.

He oído que una mujer fue al psicoanalista y le dijo:

—Estoy muy preocupada, no puedo dormir. Mi marido es coronel del ejército. Siempre que viene de vacaciones se convierte en una pesadilla para mí. Siempre que está durmiendo del lado derecho ronca, y ronca tan alto que no sólo me molesta a mí, molesta

también a los vecinos. ¿Puede sugerirme algo? ¿Qué debo hacer?
El psicoanalista se lo pensó un momento y luego dijo:
–Haga una cosa. Inténtelo esta noche, quizá funcione.
Y le dio el remedio y funcionó. Y el remedio era simple. El psicoanalista le dijo:
–Cuando empiece a roncar, dígale: «Vuelta a la izquierda.»
Ella no se lo podía creer, pero cuando lo hizo, funcionó, incluso en sueños. Él sólo roncaba cuando estaba del lado derecho, y
cuando ella le dijo al oído, despacio, no demasiado alto, muy suavemente: «Vuelta a la izquierda», sólo por una vieja costumbre se
giró a la izquierda. Dejó de roncar, hasta en sueños.

Toda la instrucción en el ejército es para destruir tu conciencia,
es para hacerte una máquina automática. Entonces puedes ir y matar. De otro modo, si todavía te queda un poquito de inteligencia,
te darás cuenta de que la persona que estás matando es inocente;
no te ha hecho nada ni a ti ni a nadie. Y debe de tener una esposa
en su casa que está esperando que regrese; y puede que tenga niños pequeños, que se convertirán en mendigos; y puede que tenga
una anciana madre o un anciano padre, que podrían volverse locos:
«¿Y por qué estoy matando a este hombre? Porque el oficial dijo:
"Empiecen a matar. ¡Fuego!"»
Una persona inteligente no sería capaz de disparar. Una persona
inteligente podría escoger morir antes que matar a personas inocentes. La guerra ha empezado porque algún estúpido político quiere verse implicado en la guerra, porque algún político quiere poder,
por alguna estúpida declaración de los políticos. ¡Él no matará!
Le llamo educación a hacer a la gente más inteligente. Y eso es
lo que estoy haciendo aquí. Si este fuego se extiende, esta vieja y
podrida sociedad no podrá sobrevivir. Sobrevive a causa de tu inconsciencia, vive de tu inconsciencia.

La educación que ha existido hasta ahora no ha sido de verdad.
No ha estado al servicio de la humanidad; al contrario, ha estado al

servicio de los intereses creados. Ha servido al pasado. El profesor ha sido un agente del pasado. Funciona como mediador para entregar las creencias del pasado, las orientaciones, las suposiciones, a la generación siguiente, para contaminar, para polucionar la nueva conciencia que está despuntando en el horizonte.

Y por culpa de la educación, la evolución del hombre ha sido muy azarosa, en zigzag. Pero hasta ahora no ha habido otra manera, porque en el pasado sucedía una cosa: el conocimiento crecía tan despacio que era casi el mismo durante siglos. Por eso el profesor era muy eficiente haciendo su trabajo. Todo el conocimiento era muy estático; no estaba creciendo.

Pero ahora hay una explosión de conocimiento. Las cosas están cambiando tan rápido que todo el sistema de educación ha caducado, se ha pasado de moda. Hay que abandonarlo y tiene que nacer un sistema de educación totalmente nuevo. Sólo es posible ahora, hasta la fecha no ha sido posible.

Tendrás que entender lo que quiero decir con «explosión de conocimiento». Imagina la esfera de un reloj con sesenta minutos escritos. Esos sesenta minutos representan tres mil años de historia humana; cada minuto, cincuenta años; cada segundo, aproximadamente un año. En esta escala no ha habido cambios importantes en los medios de comunicación hasta hace sólo nueve minutos. En ese momento apareció la imprenta. Hace tres minutos, el telégrafo, la fotografía y la locomotora. Hace dos minutos, el teléfono, la rotativa, el cine, el automóvil, el avión y la radio. Hace un minuto, la imagen hablada. La televisión apareció en los últimos diez segundos, la computadora en los últimos cinco, y la comunicación por satélite en el último segundo. El rayo láser apareció hace sólo una fracción de segundo.

Esto es lo que alguna gente llama: «la explosión de conocimientos». El cambio no es nuevo; lo que es nuevo es el grado del cambio. Y en eso consiste la diferencia, porque en cierto punto los cambios cuantitativos se convierten en cambios cualitativos.

Si calientas agua, hasta los noventa y nueve coma nueve grados sigue siendo agua; quizá caliente, pero todavía es agua. Una sola décima más y el agua empieza a evaporarse, y entonces ocurre un cambio cualitativo. Unos segundos antes el agua era visible, ahora es invisible. Apenas unos segundos antes el agua estaba fluyendo hacia abajo, ahora está ascendiendo hacia arriba. Ha trascendido la fuerza de la gravedad, ha dejado de estar bajo la ley de la gravedad.

Recuerda, en un momento dado lo cuantitativo se convierte en cualitativo. Y es eso lo que ha sucedido. El cambio no es nuevo, no es una noticia; el cambio ha estado ocurriendo siempre. Pero la velocidad del cambio es inmensamente nueva; no ha sucedido así hasta ahora.

La diferencia entre una dosis de estricnina fatal y una terapéutica sólo es una cuestión de cantidad; eso es lo que dice Norbert Wiener. El veneno puede funcionar como medicina en pequeñas dosis, pero esa misma medicina puede ser fatal si utilizas una dosis mayor. En un cierto punto deja de ser medicina, es veneno.

Ahora, el cambio es tan tremendo que el profesor ya no puede ser útil con el estilo anterior, la educación ya no puede ser útil con el antiguo modelo. El modelo antiguo consistía en ayudar a la gente a memorizar. La educación hasta ahora no ha sido una educación de la inteligencia sino de la memoria, los recuerdos. La pasada generación transfería todo su conocimiento a la nueva generación, y la nueva generación tenía que recordarlo. Por eso se pensaba que eran inteligentes las personas que tenían buena memoria.

Eso no es necesariamente así. Ha habido genios cuyas memorias eran casi nulas. Albert Einstein no tenía buena memoria. Ha habido gente con memorias milagrosas, pero que no tenían ninguna inteligencia en absoluto.

La memoria es algo mecánico en tu mente. La inteligencia es la conciencia. La inteligencia es parte del espíritu, la memoria es parte del cerebro. La memoria pertenece al cuerpo, la inteligencia te pertenece a ti.

Ahora hay que enseñar inteligencia, porque el cambio es tan rápido que la memoria no bastará. Para cuando has memorizado algo, ya está caducado. Y eso es lo que está sucediendo: la educación está fallando, las universidades están fallando, porque siguen insistiendo en el viejo modelo. Han aprendido el truco; durante tres mil años han estado haciendo esto, y lo han aprendido tan profundamente que no saben hacer otra cosa.

Es peligroso dar una información anticuada a los niños, ya que no les va a hacer capaces de vivir en el futuro, sino que les va a impedir su crecimiento. Ahora necesitan inteligencia para vivir con los rápidos cambios que están sucediendo.

Hace sólo cien años había millones de personas que nunca habían salido de su ciudad, o que nunca se alejaron más de setenta kilómetros de ella. Millones de personas han vivido siempre en el mismo lugar, desde su nacimiento hasta su muerte. Ahora todo está cambiando. En Estados Unidos, la persona corriente vive sólo tres años en el mismo lugar, y ese es exactamente el tiempo límite para el matrimonio, tres años. Entonces uno empieza a cambiar de ciudad, de trabajo, de mujer, de marido.

Estamos viviendo en un mundo totalmente nuevo. Y tu educación te convierte en una enciclopedia ambulante, pero anticuada. La diferencia no es nueva, lo que es nuevo es el grado del cambio.

En nuestro reloj hace como tres minutos que se desarrolló una diferencia cualitativa en el carácter del cambio: el cambio cambió.

Ahora tenemos que enseñar inteligencia, de modo que nuestros hijos sean capaces de vivir las cosas nuevas que irán sucediendo cada día. No los cargues con cosas que no van a servir para nada en el futuro. La vieja generación no tiene que enseñar lo que ha aprendido; la vieja generación tiene que ayudar al niño a ser más inteligente, para que sea capaz de responder espontáneamente a las nuevas realidades que irán apareciendo. La vieja generación no podía ni imaginarse cuáles iban a ser esas realidades.

Tus hijos puede que vivan en la Luna; vivirán en una atmósfera totalmente diferente. Tal vez tus hijos acaben viviendo en el cielo, porque la Tierra está demasiado poblada. Tus hijos podrían tener que vivir bajo tierra o bajo el mar. Nadie sabe cómo tendrán que vivir tus hijos. Puede que sólo se alimenten de pastillas, de vitaminas… vivirán en un mundo totalmente diferente. O sea que no tiene sentido darles un conocimiento enciclopédico del pasado. Tenemos que prepararlos para encarar nuevas realidades.

Los tenemos que preparar en conciencia, en meditación. Entonces la educación será de verdad. Entonces no estará al servicio
del pasado y lo muerto; servirá al futuro. Servirá a los vivos.

En mi visión, la educación, para ser verdadera, tiene que ser
subversiva, rebelde. Hasta ahora ha sido ortodoxa, hasta ahora ha
sido parte de lo establecido. Una verdadera educación tiene que enseñar cosas que ninguna otra institución enseñe. Tendrá una misión antientropía.

El Estado, el Gobierno y todas las instituciones de la sociedad,
todas, impiden el crecimiento; recuérdalo. ¿Por qué impiden el
crecimiento? Porque todo crecimiento implica desafío y ellas están
estabilizadas. ¿Y quién tiene interés en ser desestabilizado? A quienes están en el poder no les gusta que ocurra nada nuevo, porque
eso cambiaría el equilibrio de poder. A quienes están en el poder no
les gustaría que apareciera nada nuevo, porque la novedad haría
poderosos a los nuevos. Cada nuevo conocimiento trae un nuevo
poder al mundo. Y a la vieja generación no le gustaría perder su posición, su dominio.

La educación tiene que servir a la revolución. Pero normalmente sirve al Gobierno, al sacerdote y a la Iglesia. De un modo
muy sutil, prepara esclavos; esclavos para el Gobierno, esclavos
para la Iglesia. El propósito real de la educación debe ser el de sub-
vertir actitudes anticuadas, creencias y suposiciones que han dejado de servir al crecimiento y al hombre, y que son positivamente
dañinas y suicidas.

Un entrevistador preguntó a Ernest Hemingway:

–¿Existe algún ingrediente esencial, que usted pueda identifi-
car, que hace grande a un escritor?

Hemingway respondió:

–Sí, lo hay. Para ser un gran escritor, una persona necesita tener en su sistema un detector de basura a prueba de golpes.

Y esa es mi idea de la verdadera educación. Los niños deben de
ser enseñados, disciplinados, de modo que puedan detectar la basura. Una persona realmente inteligente es un detector de basura.

En el momento en el que dice algo, inmediatamente sabe si es importante o si sólo es excremento de vaca sagrada.

La evolución de la conciencia humana no es más que una larga historia de lucha en contra de la veneración a la basura. La gente continúa adorando, venerando la basura. El 99 por 100 de sus creencias son sólo básicamente mentiras. El 99 por 100 de sus creencias son antihumanas, antivida. El 99 por 100 de sus creencias son tan primitivas, tan bárbaras, tan completamente ignorantes que es increíble que la gente siga creyendo en ellas.

La verdadera educación te ayudará a abandonar todas estas bobadas, sin importar cuán antiguas, respetables y veneradas sean. Te enseñará lo real. No te enseñará ninguna superstición, sino cómo vivir más feliz. Te enseñará un sí a la vida. Te enseñará reverencia por la vida y nada más. Te enseñará cómo estar profundamente enamorado de la existencia. No será sólo de la mente, será también del corazón.

También te ayudará a convertirte en no mente. Es ésta la dimensión que falta en la educación. Simplemente, te enseña a enredarte cada vez más en los conceptos mentales, perdido en la mente. La mente es buena, útil, pero no es tu totalidad. También está el corazón, que de hecho es mucho más importante que la mente; porque la mente puede crear mejor tecnología, puede darte mejores máquinas, mejores carreteras, mejores casas, pero no puede hacerte una persona mejor. No puede hacerte más amoroso, más poético, más grácil. No te puede dar la alegría de vivir, la celebración. No te puede ayudar. No te puede ayudar a que te vuelvas una canción o una danza.

La verdadera educación tiene que enseñarte además los caminos del corazón. Y la verdadera educación también tiene que enseñarte lo trascendental. La mente es para la ciencia, el corazón para el arte, la poesía, la música, y lo trascendental, para la religión. A menos que la educación sirva a todas estas cosas, no es verdadera. Y ningún sistema educativo lo ha hecho todavía.

No es sorprendente que mucha gente joven esté saliéndose de tus colegios, de tus universidades, porque se dan cuenta que todo es basura, que todo es estúpido.

Ninguna otra institución puede hacerlo, sólo la educación puede hacerlo: las universidades deberían de sembrar las semillas de la
mutación, porque un nuevo hombre debe llegar a la Tierra.

Los primeros rayos ya la han alcanzado. El nuevo hombre está
llegando cada día y tenemos que preparar la Tierra para recibirlo, y
con el nuevo hombre, una nueva humanidad y un nuevo mundo. Y
no existe más posibilidad que la educación para recibir al nuevo
hombre, para prepararle el terreno. Y si no podemos prepararle el
terreno, estamos perdidos.

Los experimentos que estamos haciendo aquí son realmente un
esfuerzo para crear un nuevo tipo de universidad. Y esto hay que
hacerlo, y hay que hacerlo en muchos lugares alrededor de la Tierra. Este experimento hay que hacerlo en todos los países. Y sólo
unos pocos aceptarán el desafío, pero esos pocos serán los heral-
dos. Esos pocos declararán la nueva era, el nuevo hombre, la nueva humanidad.

Walt Whitman escribió:
Cuando escuché al experto astrónomo;
cuando las pruebas, las cifras, fueron alineadas en columnas de-
    lante de mí;
cuando me enseñaron las cartas y los diagramas,
para sumar, dividir y medirlas;
cuando, sentado, escuché al astrónomo, donde daba la conferencia
con grandes aplausos en la sala de conferencias,
qué rápido, inexplicablemente, me sentí cansado y enfermo;
hasta que me levanté y me deslicé hacia fuera, vagué yo solo
en el místico aire húmedo de la noche, y de vez en cuando
miraba a las estrellas en perfecto silencio.

La nueva educación, la verdadera educación, no sólo tiene que
enseñarte matemáticas, historia, geografía, ciencia; también te tiene que enseñar la moral real: estética. Llamo estética a la moralidad real: la sensibilidad de sentir la belleza, porque la divinidad viene en forma de belleza. Como una rosa o una flor de loto, en el
amanecer o en una puesta de sol, en las estrellas, los pájaros can-

tando temprano por la mañana, las gotas de rocío o un pájaro en pleno vuelo... La verdadera educación tiene que acercarte más a la naturaleza porque sólo acercándote cada vez más a la naturaleza te irás acercando a lo divino.

Si el intelecto es un obstáculo tal en el viaje hacia la autorrealización, ¿no es entonces educarlo y aguzarlo sencillamente inútil? ¿No es posible que, debido a su inocencia y expresividad, se debería ayudar a los niños a entrar en la meditación directamente, sin impartirles ninguna educación intelectual?

Vale la pena el considerarlo, es importante. Y la pregunta acerca de que si el intelecto es un obstáculo tan grande surge naturalmente, ¿por qué educarlo en primer lugar? ¿Por qué no introducir a los niños en la meditación cuando todavía son inocentes y simples, en vez de enviarlos a la universidad? En vez de dar forma a su lógica y sus facultades cognitivas, en lugar de educarlos, ¿por qué no atraerlos a la meditación en su inocencia y simplicidad? Si el intelecto es un obstáculo, ¿por qué ayudarlo a crecer? ¿Por qué no librarse de él antes de que se desarrolle?

Esto habría sido correcto si el intelecto sólo fuese un obstáculo. Pero un obstáculo también puede convertirse en un escalón. Estás caminando por un camino y hay una roca enorme tendida en mitad del camino. Ahora bien, se trata de un obstáculo, y puede que regreses de allí pensando que el camino no va más allá. Pero si te subes a la roca, se descubre un nuevo camino, que está a un nivel totalmente diferente del nivel anterior más bajo. Se abre una nueva dimensión.

El no inteligente regresará de allí creyendo que la roca es un obstáculo. El inteligente usará la roca como una escalera. La inteligencia, la sabiduría, es una cosa totalmente diferente de eso que llamamos intelecto.

Sin educación, el intelecto del niño permanecerá como el de un animal. No es que se vaya a volver sabio, se quedará como el de un animal salvaje. Por supuesto, no tendrán el obstáculo, pero tampoco tendrán medios para subir. En sí mismo, ni la piedra es un obstáculo ni la escalera es una ayuda.

Por eso es necesario que todos los niños tengan una educación intelectual. Y cuanto más hermosa sea esa educación, más inteligente, más fuerte, más grande será la roca del intelecto; cuanto mejor, porque en la misma proporción quiere decir que se elevará a mayores alturas. El que se queda aplastado bajo esta roca es el erudito. El que se sube encima de la roca es el sabio. Y el que, por miedo, ni siquiera se acerca a la roca, es el ignorante.

El intelecto de los ignorantes nunca fue educado; el intelecto del erudito fue educado pero nunca pudo trascenderlo; el intelecto del sabio no sólo fue educado, también se las arregló para trascenderlo. Evitarlo no ayudará; uno tiene que ir a través y más allá. Y cualquier experiencia que atravieses te intensifica, te hace luminoso.

Por eso el intelecto del niño tiene que ser educado, su lógica tiene que ser afinada de modo que se convierta en una espada. Y entonces el que se corte él mismo con la espada, se suicide, o salve la vida de alguien, sólo dependerá de su inteligencia.

La lógica es sólo un medio. La podemos usar para destruir la vida, entonces será destructiva; la podemos usar para crear vida, entonces será creativa. Pero una cosa es segura: que privar a los niños del intelecto no los hará inteligentes. Serán como animales inocentes pero no serán meditadores como los sabios.

Muchas veces ha sucedido que un lobo rapta a un niño y se lo lleva al bosque. Hace unos cuarenta años, dos niñas así fueron encontradas en los bosques cerca de Calcuta. Hace diez años, otro niño, que había sido criado por lobos, fue encontrado en un bosque cerca de Lucknow. Este niño estaba bastante crecido; tenía casi catorce años. Nunca había recibido ninguna educación humana, no había ido nunca a ninguna escuela, no sabía lo que era la compañía de los humanos; había sido raptado por los lobos cuando era un bebé en su cuna. De modo que creció con los lobos. Era incapaz hasta de ponerse de pie, porque también esto es parte de la educación humana. No te creas que estás levantado sobre tus pies espontáneamente; te lo han enseñado.

El cuerpo humano está estructurado para caminar a cuatro patas. Ningún niño camina derecho después de nacer, camina a cuatro patas; caminar sobre dos piernas es algo aprendido. Si preguntas a los científicos, a los psicólogos, te dicen algo muy curioso. Dicen que el cuerpo humano nunca puede ser tan sano como el de los animales, porque el cuerpo humano fue diseñado para caminar a cuatro patas, y el hombre lo ha complicado todo; camina sobre sus dos piernas, por eso todo su sistema está alterado. Es como un coche que no está diseñado para subir una montaña; las leyes de la gravitación son alteradas, porque cuando caminas sobre el suelo a cuatro patas estás equilibrado, tu peso está distribuido por igual sobre las cuatro, y tu cuerpo está paralelo a la fuerza de gravedad, hay una cantidad de fuerza gravitacional distribuida por igual a lo largo de toda tu espina y no hay problemas. Pero cuando te levantas sobre las dos piernas, todo se altera. La sangre tiene que ir en la dirección contraria, hacia arriba; los pulmones tienen que hacer innecesariamente un trabajo extra. Constantemente hay una lucha con la gravitación. La Tierra tira de ti hacia abajo. Por eso si un hombre muere de un fallo del corazón, no es de extrañar. Ningún animal muere de ataque al corazón; la debilidad del corazón no se desarrolla en los animales y es inevitable en los hombres. Es un milagro que no le suceda a algunos hombres; de otra manera en general es inevitable, porque todo este trabajo de bombear la sangre se está haciendo continuamente; porque es una necesidad, pero la naturaleza no ha diseñado las cosas de esta manera.

Por eso ese niño no podía caminar sobre sus pies, él sólo corría a cuatro patas. Y su manera de correr no era como la de los seres humanos, se parecia más a la de los lobos. Y solía comer carne cruda, como los lobos. Era muy poderoso –incluso ocho hombres fuertes encontraban dificultades para agárrale y poderle atar–, era casi como un lobo. Era capaz de morderte y arrancarte un pedazo de carne; ¡era feroz! No se había vuelto un santo meditativo, en todo lo que se había convertido era en un animal salvaje. E incidentes similares habían ocurrido también en Occidente: niños criados en los bosques por animales y encontrados como animales.

Entonces se hicieron esfuerzos para educar a este niño. Durante seis meses se le dio todo tipo de masajes y tratamientos eléctricos, y él podía a duras penas levantarse sobre sus pies, y en un pequeño lapso de tiempo estaba nuevamente a cuatro patas, porque es muy complicado mantenerse sobre las dos piernas. No tienes ni idea de lo divertido que es estar a cuatro patas, por eso estás de pie y sufriendo.

Le dieron un nombre al chico. Le enseñaron hasta cansarse y todo lo que pudo aprender a pronunciar antes de morir fue una sola palabra: Rama. Sólo repetía su nombre. En un año y medio se murió. Los científicos que lo estaban estudiando dijeron que había muerto por toda esta educación, porque él no era nada más que el hijo de algún animal salvaje.

Esto también nos muestra cuánto de la vida de un niño podríamos estar simplemente matando enviándolo a la escuela. Matamos su alegría, matamos su lado salvaje. Ese es el problema en las escuelas. Le entregamos a un profesor una clase de treinta niños, treinta animales salvajes. Le ha caído en sus manos la tarea de civilizarlos. Por esto no existe una profesión más aburrida que la de enseñar. No existe ningún otro ser humano más afligido que un profesor. Su trabajo es realmente complicado.

Pero esos niños tendrán que ser educados; de otra forma, no serán capaces de convertirse en seres humanos. Serán inocentes, pero esa inocencia será la de la ignorancia. Un hombre también es inocente por no saber, pero cuando se vuelve inocente después de saber, entonces hace eclosión la flor de la vida.

La educación del intelecto es necesaria; la trascendencia del intelecto es necesaria. ¿Y cómo vas a perder aquello que ni siquiera tienes?

¿Cómo puedes experimentar la misma paz que experimentara Einstein al trascender su intelecto? Esa paz será incomparable, porque será la paz que hay después de la tormenta. Tu tormenta todavía no ha llegado. El sabor que percibes al dejar a un lado el intelecto después de muchas gimnasias intelectuales es como el sabor de una salud perfecta después de recuperarte de una enfermedad. La renunciación es una gran felicidad en el mismo sentido que la indulgencia precedente fue un gran sufrimiento.

Ve a través del sufrimiento del intelecto para que puedas alcanzar el éxtasis de la sabiduría. Ve a través de la angustia del mundo para que el éxtasis más grande, el despertar a lo divino, pueda ser tuyo. Tendrás que pasar a través de los opuestos, ese es el camino.

La educación de las cinco dimensiones

La educación hasta ahora ha estado orientada hacia una meta: lo que estás aprendiendo no tiene importancia; lo que tiene importancia es el examen que tendrás que pasar en uno o dos años. Le da más importancia al futuro que al presente. Sacrifica el presente por el futuro. Y eso se convierte en tu estilo de vida; estás siempre sacrificando el momento por algo que no está presente. Esto crea un enorme vacío en la vida.

En la comuna de mi visión, la educación tendrá cinco dimensiones.

Antes de entrar en esas cinco dimensiones, hay que tomar nota de algunas cosas. Uno: no habrá ningún tipo de exámenes como parte de la educación, sino que cada día, cada hora los profesores observarán; sus comentarios durante el año decidirán si sigues hacia adelante o te quedas un poco más en la misma clase.

Nadie suspende, nadie aprueba –solamente algunos individuos son más rápidos y otros un poco más holgazanes–, porque la idea de fracaso crea una profunda herida de inferioridad, y la idea de tener éxito también crea otro tipo de enfermedad, la de la superioridad.

Nadie es inferior y nadie es superior.

Uno es uno mismo, incomparable.

Por eso no habrá exámenes. Eso cambiará toda la perspectiva del futuro al presente. Lo que estás haciendo en este momento será decisivo, no cinco preguntas al terminar los dos años. De las miles de cosas por las que irás a través en estos dos años, todas serán decisivas; de modo que la educación no estará orientada hacia una meta.

El profesor ha tenido una enorme importancia en el pasado, porque sabía que había superado todos los exámenes, había acumulado conocimiento. Pero la situación ha cambiado y este es uno de los problemas, la situación ha cambiado pero nuestras respuestas siguen siendo las de antes. Ahora, la explosión de conocimiento es tan vasta, tan tremenda, tan rápida que no puedes escribir un gran libro sobre ningún tema científico porque para cuando tu libro esté terminado, ya estará anticuado; nuevos hechos, nuevos descubrimientos lo harán inaplicable. Por eso ahora la ciencia tiene que depender de artículos, de publicaciones, no de los libros.

El profesor se educó hace treinta años. En esos treinta años todo ha cambiado, pero él continúa repitiendo lo que le enseñaron. Está anticuado, y está haciendo anticuados a sus estudiantes. Por eso en mi visión no hay lugar para el profesor. En lugar de profesores habrá guías, y la diferencia tiene que ser entendida: el guía te dirá dónde encontrar, en la biblioteca, la última información sobre el tema.

Y la educación no debe ser a la antigua usanza, porque la televisión puede hacerlo mucho mejor, puede emitir la última información sin ningún problema. El profesor tiene que captar la atención de tus oídos; la televisión capta la atención de tus ojos directamente y el impacto es mucho mayor, porque los ojos absorben el 80 por 100 de las situaciones en la vida; son la parte más viva.

Si puedes ver algo no hay necesidad de que lo memorices; pero si lo escuchas, tienes que memorizarlo. Casi el 98 por 100 de la educación puede impartirse a través del televisor, y las preguntas que los estudiantes pueden hacer pueden ser respondidas por ordenadores. El profesor debe sólo ser un guía para enseñarte el canal correcto, para enseñarte cómo usar el ordenador, cómo encontrar el último libro. Su función será totalmente diferente. No te está impartiendo conocimiento, te está haciendo consciente del conocimiento contemporáneo, del conocimiento más reciente. Él sólo es un guía.

Tras estas consideraciones, divido la educación en cinco dimensiones. La primera es la informativa: como la historia, la geografía, y muchos otros temas que pueden ser tratados con la combinación del televisor y el ordenador. La segunda parte deberían ser las ciencias. Pueden ser impartidas por la televisión y también el ordenador, pero son más complicadas y el guía humano será más necesario.

En la primera dimensión también vienen los idiomas. Todo el mundo debería saber por lo menos dos idiomas; uno, su lengua materna, y el segundo sería el inglés como vehículo internacional para la comunicación. También se pueden enseñar con más precisión a través del televisor, los acentos, la gramática; todo esto se puede enseñar más correctamente que por medio de seres humanos.

Podemos crear en el mundo una atmósfera de hermandad: el idioma conecta a la gente y también la desconecta. Actualmente no hay un idioma internacional.

El inglés es el idioma más extendido, y la gente debería abandonar sus prejuicios; deben enfrentar la realidad. Ha habido muchos esfuerzos para crear idiomas y así evitar los prejuicios; los hispanos pueden decir que su idioma debería ser el idioma internacional porque lo habla casi más gente que cualquier otro idioma... Para evitar esos prejuicios, se han creado idiomas como el esperanto. Pero ningún idioma inventado ha sido capaz de funcionar. Hay algunas cosas que crecen, que no pueden ser inventadas; un idioma crece a lo largo de miles de años. El esperanto tiene un aspecto tan artificial que todos esos esfuerzos han fracasado.

Pero es absolutamente necesario enseñar dos idiomas; primero la lengua materna, porque hay sentimientos y matices que sólo pueden ser expresados en la lengua materna.

Uno de mis profesores, un viajero que había sido profesor de filosofía en muchos países, solía decir que en un idioma extranjero puedes hacerlo todo, pero cuando llega el momento de luchar o de amar, te das cuenta de que no estás siendo auténtico y sincero con tus sentimientos. Por eso, para tus sentimientos y para tu sinceridad, tu lengua materna... que mamaste con la leche de tu madre, que forma parte de tu sangre, tus huesos, tu médula. Pero eso no es suficiente; eso crea pequeños grupos de gente y convierte en extraños a los demás.

Un idioma internacional es absolutamente necesario como base para un mundo, para una humanidad. Por lo tanto, serían imprescindibles dos idiomas para todo el mundo. Eso estará incluido en la primera dimensión.

La segunda es la investigación sobre los temas científicos, que es tremendamente importante porque es la mitad de la realidad, la realidad externa. Y la tercera será lo que está faltando en la educación de hoy en día, el arte de vivir. Las personas creen que saben lo que es el amor. No lo saben…, y cuando lo llegan a saber ya es demasiado tarde. Se debería ayudar a cada niño a transformar su rabia, su odio, sus celos, en amor.

Y una parte importante de la tercera dimensión debería ser el sentido del humor. Nuestra así llamada educación hace a la gente triste y seria. Y si un tercio de tu vida se malgasta en la universidad en estar triste y serio, esto se convierte en algo profundamente arraigado; te olvidas del idioma de la risa, y el hombre que se olvida del idioma de la risa ha olvidado mucho de la vida.

Por eso el amor, la risa y una familiaridad con la vida y sus maravillas, sus misterios…, esos pájaros cantando en los árboles no deberían pasar desapercibidos. Los árboles, las flores y las estrellas deberían tener una conexión con tu corazón. El amanecer y el anochecer no deben ser únicamente cosas exteriores, deben ser también interiores. Los cimientos de la tercera dimensión deberían ser una reverencia por la vida.

La gente es muy irreverente hacia la vida.

Siguen matando animales para comer y lo llaman juego; y si el animal se los come, entonces lo llaman calamidad. Es curioso…, en un juego a ambos equipos se debería tener igualdad de oportunidades. Los animales no tienen armas, pero tú tienes ametralladoras o flechas.

Se debería enseñar a tener una gran reverencia por la vida, porque la vida es Dios y no hay otro Dios que la vida misma, la alegría, la risa y el sentido del humor; en resumen, un espíritu danzante.

La cuarta dimensión debería ser el arte y la creatividad: la pintura, la música, la artesanía, la cerámica, la mampostería, todo lo que sea creativo. Deberían ser permitidas todas las áreas de la creatividad; los estudiantes pueden escoger. Sólo algunas cosas deberían ser obligatorias; por ejemplo, debería ser obligatorio un idioma internacional; debería ser obligatoria una cierta capacidad para ganarte tu sustento; debería ser obligatorio un determinado arte creativo. Puedes escoger a través de todo el arco iris de las artes creativas, porque a menos que un hombre aprenda a crear, nunca se convertirá en parte de la existencia que es constantemente creativa. Siendo creativo uno se convierte en divino; la creatividad es la única oración.

Y la quinta dimensión debería ser el arte de morir. En esta quinta dimensión estarán todas las meditaciones, de modo que puedas saber que no existe la muerte, para que puedas hacerte consciente de la vida eterna que hay en tu interior. Esto debería ser absolutamente esencial, porque todo el mundo tiene que morir; nadie lo puede evitar. Y bajo este gran paraguas de meditación, puedes ser introducido en el zen, el tao, el yoga, el jasidismo, en todas las posibilidades que han existido pero de las que la educación no se ha ocupado. En esta quinta dimensión también se te debe informar sobre artes marciales como el aikido, jujitsu, judo —el arte de la defensa personal sin armas—, que no son sólo defensa personal, sino también, simultáneamente, meditación.

La nueva comuna tendrá una educación completa, una educación globlal. Todo lo que es esencial debe ser obligatorio, y todo lo que no es esencial debe ser opcional. Uno debería poder escoger entre muchas opciones. Y una vez que lo básico esté cubierto, entonces tienes que aprender algo que te guste: música, danza, pintura. Tienes que aprender algo para ir hacia adentro, para conocerte a ti mismo. Y todo esto se puede hacer fácilmente, sin ninguna dificultad.

Yo mismo he sido profesor y renuncié a la universidad con una nota que decía: «Esto no es educación, esto es una completa bobada; no estáis enseñando nada importante.»

Pero esta educación carente de significado prevalece en todo el mundo; da lo mismo que sea la Unión Soviética o Estados Unidos. Nadie ha buscado una educación más completa, más total. En este sentido, casi todo el mundo está sin educar; incluso los que tienen títulos importantes están sin educar en amplias áreas de la vida. Unos un poco más, otros un poco menos, pero todo el mundo está sin educar. Pero es imposible encontrar un hombre educado, porque la educación como una totalidad no existe en ningún lugar.

Normalmente, eso que llamamos educación casi siempre está en contra de la meditación. No debería de ser así, pero así es. El significado original de la palabra «educación» no está en contra de la meditación. Educar significa que todo aquello oculto en el individuo tiene que ser sacado a la luz. El individuo tiene que florecer; ese es el el significado original de educación.

Esto también es meditación: tienes que florecer en tu propio ser. No sabes lo que vas a ser, no sabes qué flores saldrán, cuál será su color y su perfume, no lo sabes. Te adentras en lo desconocido. Sencillamente, confías en la energía de la vida. Te ha dado nacimiento, son tus cimientos, es tu ser. Tú confías. Sabes que eres un hijo de este universo, y este universo, si te ha hecho nacer, también se ocupará de ti.

Cuando confías en ti mismo también confías en el resto del Universo. Y este Universo es hermoso. Fíjate... nacen tantas flores en este Universo; ¿cómo puedes desconfiar? Hay tanta belleza por todos lados; ¿cómo puedes desconfiar? Tanta grandeza, tanta gracia, desde una mota de polvo hasta las estrellas; una simetría tal, una armonía tal; ¿cómo puedes desconfiar?

Basho ha dicho: «Si las flores han nacido de este Universo, entonces confío.» ¿De acuerdo? Eso es bastante lógico, un gran argumento: «Si el Universo puede dar vida a tantas flores hermosas, si una rosa es posible, confío. Si es posible una flor de loto, confío en él.»

La educación es confianza en ti mismo y en la existencia, permitiendo el despliegue de todo lo que se oculta en ti; es sacar todo lo que está dentro afuera. Pero tú no le importas a nadie. A la sociedad le importan sus propias ideas, ideologías, prejuicios, tecnología; siguen obligándote. Usan tu cabeza como si se tratara de un lugar vacío, que tienen que amueblar. Normalmente la educación, o todo lo que tienes a mano bajo el nombre de educación, no es nada más que atiborrar la mente de conocimientos, porque el conocimiento tiene alguna utilidad. No le importas a nadie, a nadie le preocupa tu destino. Necesitan más médicos, más ingenieros, más generales, más técnicos, más fontaneros, más electricistas. Los necesitan; te obligan a hacerte fontanero, o médico, o ingeniero.

No estoy diciendo que haya algo malo en ser ingeniero o médico, pero desde luego está mal si se te obliga desde el exterior. Si alguien florece en forma de médico, verás cómo a su alrededor sucede una gran curación. Será un sanador de nacimiento. Será de verdad un médico, sanará todo lo que toque. Ha nacido para eso.

Pero cuando se te obliga desde el exterior y te lo tomas como una profesión, porque tienes que vivir y aprender a ganarte tu sustento, lo asumes. Entonces uno está paralizado y aplastado por el peso. Te sigues arrastrando, y un día te mueres. En esa vida no ha habido ni un momento de celebración. Por supuesto, dejará mucho dinero para que sus hijos se conviertan en doctores cuando les toque el turno, para que vayan a la universidad, a la misma universidad que le ha destruido. Y sus hijos harán lo mismo a sus hijos, y así es como todo se transfiere de una generación a otra. No, a esto no le llamo educación. Esto es un crimen. Es realmente un milagro que a pesar de esta educación de vez en cuando florezca un buda en el mundo. Es un milagro. Es increíble que alguien consiga escaparse: es una metodología para matarte, está arreglado de esta manera. Y los niños pequeños son atrapados en el mecanismo sin saber adónde van, sin saber qué van a hacer con ellos. Cuando se dan cuenta, ya están totalmente corrompidos, destrozados. Cuando pueden pensar sobre qué van a hacer con su vida, ya son incapaces de ir en ninguna otra dirección.

Cuando tengas veinticinco o treinta años, se te habrá ido la mitad de tu vida. Pero cambiar parece demasiado arriesgado. Eres médico, tu consulta va bien; de repente un día te das cuenta de que no estabas destinado para esto. No es lo tuyo, ¿pero qué puedes hacer ahora? Sigues fingiendo que eres un médico. Y si el médico no está contento de ser médico, no podrá ayudar a ningún paciente. Podría medicar al paciente, podría darle un remedio, pero no va a ser realmente una fuerza curativa. Cuando un médico es realmente un médico, médico de vocación…, y todo el mundo ha nacido para algo... Podrías no enterarte, podrías ni siquiera saberlo. Algunas personas nacen poetas, pero no puedes crear un poeta. No hay manera de fabricar poetas. Algunas personas nacen pintores; pero tú no puedes fabricar pintores.

Pero las cosas están muy mal colocadas: el pintor está trabajando de médico, el médico está trabajando de pintor. Ahí tienes al político: podría haber sido un buen fontanero pero se ha convertido en primer ministro o en presidente. Y la persona que podría haber sido primer ministro está de fontanero.

Por eso hay tanto caos en el mundo: todo el mundo está mal colocado, nadie está exactamente donde debería estar. Una buena educación será exactamente un camino a la meditación. Una educación errónea es una barrera para la meditación, porque una educación errónea te enseña cosas que no se ajustan a ti. Y a menos que algo encaje contigo y tú encajes con ello, nunca podrás estar sano y completo. Sufrirás.

Por eso, normalmente, cuando una persona educada se interesa en la meditación tiene que desaprender todo lo que ha aprendido. Tiene que regresar a su infancia y empezar desde allí, desde el ABC. De ahí mi insistencia en algunas meditaciones en las que tú de nuevo te vuelves un niño. Cuando bailas eres más un niño que una persona adulta.

Los hombres que tienen un cierto prestigio social se quedan muy atascados porque no pueden hacer nada, no pueden arriesgar su prestigio. Tienen miedo. No son felices, no saben lo que es la dicha, no saben exactamente lo que significa estar vivo, pero son respetables. Por eso se aferran a su respetabilidad, y después mueren. Nunca viven; mueren antes de haber empezado a vivir. Hay muchas personas que mueren antes de haber empezado a vivir.

Mis meditaciones están para traerte de vuelta a tu niñez, cuando no eras respetable, cuando podías hacer locuras, cuando eras inocente, sin corromper por la sociedad, cuando no habías aprendido ninguno de los engaños del mundo, cuando eras espiritual, poco mundano. Me gustaría que regresaras a ese punto; y que desde ahí empezaras de nuevo. Y esto es tu vida. La respetabilidad o el dinero son premios de consolación, no son premios reales. No te dejes engañar por ellos.

No te puedes comer la respetabilidad, no te puedes comer el dinero y no te puedes comer el prestigio. Son sólo juegos: insignificantes, estúpidos, mediocres. Si eres suficientemente inteligente entenderás que tienes que vivir tu vida y que no tienes que preocuparte de otras cosas. Todas las consideraciones carecen de significado: es tu vida. La tienes que vivir auténticamente, amorosamente, con gran pasión y con gran compasión, con gran energía. Te tienes que convertir en una gigantesca ola de dicha. Haz todo lo que tengas que hacer para conseguirlo.

Será necesario desaprender. Desaprender significa que vas a abandonar esas rutas equivocadas, que vas a dejar de andar por esos caminos equivocados que la sociedad te ha impuesto, te ha persuadido y te ha seducido para que tomes. Tomarás la responsabilidad de tu propia vida; te convertirás en tu propio maestro. Ese es el significado de sannyas. Un sannyasin de verdad es aquel al que no le importan las opiniones de los demás, que ha decidido vivir su vida como quiere. No significa que seas irresponsable. Cuando empiezas a vivir tu vida responsablemente, no sólo te ocupas de ti mismo, también te ocupas de los demás, pero de un modo totalmente diferente.

Tomarás todas las precauciones para no interferir en la vida de nadie; esto es lo que significa responsabilidad. No permites que nadie interfiera en tu vida, y, naturalmente, no interferirás en la vida de nadie. No quieres que nadie guíe tu vida, no quieres que tu vida sea un tour guiado. Un tour guiado no es en absoluto un tour. Quieres explorar por tu cuenta. Quieres adentrarte en el bosque sin ningún mapa, de modo que puedas ser también un descubridor, que también puedas llegar a algún lugar nuevo por primera vez.

Si llevas un mapa contigo, siempre llegas a un lugar donde han estado antes muchos otros. Nunca es nuevo, nunca es original, nunca es virgen. Ya está contaminado, corrompido. Han pasado muchos por allí: hasta hay un mapa.

Cuando yo era un niño, en el templo que mis padres solían visitar me quedé sorprendido: había mapas del cielo, del infierno y de *moksha* [8]. Un día le pregunté a mi padre:

—Si existe un mapa de moksha, entonces ya no me interesa.

—¿Por qué? —me preguntó.

—Si existe un mapa —le dije—, es que ya está podrido. Mucha gente ha llegado hasta allí, incluso los que trazan los mapas. Todo está medido, conocen cada rincón, están bautizados y etiquetados. Parece que es una ampliación del viejo mundo. No hay nada nuevo. Me gustaría ir a un mundo que no estuviese en ningún mapa. Me gustaría ser un explorador.

Ese día dejé de ir al templo.

Mi padre me preguntó:

—¿Por qué has dejado de venir?

—Quita esos mapas —le dije—. No puedo tolerar que estén ahí. Son muy ofensivos. Piensa: ¿hasta el moksha está medido? Entonces, ¡no hay nada inconmensurable!

Y todos los budas han dicho que la verdad es inconmensurable; todos los budas han dicho que la verdad no sólo es desconocida, es incognoscible. Es un mar desconocido: te subes a un barquito y navegas en un mar desconocido. Saltas a la aventura. Es arriesgado, es peligroso. Pero en el riesgo y en el peligro el espíritu florece, se integra.

Para mí, si la educación es correcta será simplemente una parte de la meditación; la meditación será el último punto. Si la educación es correcta, las universidades no deberían estar en contra del Universo. Deberían ser sólo lugares de entrenamiento, trampolines hacia el Universo. Si la educación es la correcta, se ocupará de tu dicha, tu felicidad, la música, el amor, la poesía, la danza. Te enseñará a desarrollarte. Te ayudará a salir de tu propio ser, a florecer, a crecer, a extenderte, a expandirte.

---

[8] Liberación. *(N. del T.)*

La educación es religiosa si te hace suficientemente valiente como para aceptarte a ti mismo y vivir tu vida, y convertirte en una ofrenda a la existencia a tu manera, de una manera única y singular.

Escuchando a los pájaros he recordado... Justo fuera de mi clase, en la universidad, había unos hermosos árboles de mango. Y los cuclillos hacen sus nidos en los árboles de mango. Éste que está llamando ahora es el cuclillo y no hay nada más dulce que el canto de un cuclillo.

Solía sentarme junto a la ventana mirando los pájaros y los árboles, y mi profesor estaba muy enfadado. Me dijo:

—Tienes que mirar la pizarra.

—Es mi vida y tengo todo el derecho de escoger dónde quiero mirar —dije yo—. Afuera es tan bonito: los pájaros cantando, las flores, los árboles y el sol pasando a través de los árboles, no creo que tu pizarra pueda competir.

Estaba tan enfadado que me dijo:

—Si no estás dispuesto a mirar la pizarra, vete fuera y quédate junto a la ventana, porque yo te estoy enseñando matemáticas y tú mientras estás mirando los árboles y los pájaros.

—Esto que me estás dando es un gran premio, no un castigo —le dije. Y me despedí de él.

—¿Qué quieres decir? —me preguntó.

—No volveré a entrar —le dije—. Me quedaré todos los días fuera junto a la ventana.

—Debes de estar loco —me dijo—. Se lo contaré a tu padre, a tu familia: «Os estáis gastando el dinero en él, y él se queda fuera.»

—Puedes hacer lo que quieras —le dije—. Sé cómo arreglármelas con mi padre. Y él sabe perfectamente bien que si he decidido quedarme fuera, nada puede cambiarlo.

El director solía verme todos los días junto a la ventana cuando venía a hacer la ronda. Se quedaba perplejo al verme allí cada día. El tercer o cuarto día se acercó y me dijo:

—¿Qué estás haciendo aquí? ¿Por qué sigues aquí de pie?

—He sido premiado —le dije.

—¿Premiado? ¿Por qué? —me dijo.

—Quédate a mi lado y escucha el canto de los pájaros —le dije—. Y la belleza de los árboles… Crees que mirar la pizarra y al estúpido profesor…, porque sólo los estúpidos se hacen profesores; no pueden encontrar ningún otro empleo. Casi todos son graduados de tercera categoría. Por eso ni quiero mirar al profesor ni quiero mirar la pizarra. Y en lo que concierne a las matemáticas, no necesitas preocuparte, me las arreglaré. Pero no puedo perderme esta belleza.

Se quedó a mi lado y dijo:

—De verdad es hermoso. He sido el director de esta escuela durante veinte años pero nunca he venido aquí. Estoy de acuerdo contigo en que esto es un premio. En lo que se refiere a las matemáticas, soy doctor en ciencias matemáticas. Puedes venir a mi casa cuando quieras y te enseñaré matemáticas, pero sigue quedándote fuera.

Así que conseguí un profesor mejor, el director de la escuela, que era mejor matemático. Y mi profesor de matemáticas estaba muy asombrado. Se creyó que me iba a cansar después de unos días, pero transcurrió todo un mes. Entonces salió, y dijo:

—Lo siento, porque me duele durante toda la clase haberte obligado a estar ahí de pie. Y no has hecho nada malo. Te puedes sentar dentro y mirar donde quieras.

—Ahora es demasiado tarde —le dije.

—¿Qué quieres decir? —preguntó.

—Quiero decir que disfruto estando en el exterior —le contesté—. Sentado tras la ventana sólo se puede ver una pequeña porción de árboles y de pájaros; aquí están a mi disposición los miles de árboles de mango. Y en cuanto a las matemáticas, el director mismo me está enseñando; todas las tardes le voy a ver.

—¿Qué? —exclamó.

—Sí —le dije—, porque estuvo de acuerdo conmigo en que esto era un premio.

Se fue directamente al director y le dijo:

—Esto no está bien. Yo le he castigado y tú le estás animando.

—Olvídate de premios y de castigos —le dijo el director–, tú también deberías mirar afuera de vez en cuando. Ahora no puedo esperar; de lo contrario solía ir a hacer la ronda de una forma rutinaria, pero ahora no puedo esperar. Lo primero que tengo que hacer es ir a hacer la ronda y quedarme con ese chico y mirar los árboles. Por primera vez he aprendido que hay cosas mejores que las matemáticas, el sonido de los pájaros, las flores, el verdor de los árboles, los rayos de sol pasando entre los árboles, el viento cuando sopla cantando su canción a través de los árboles. De vez en cuando tú también deberías ir a acompañarlo.

Él regresó muy apenado y me dijo:

—El director me ha contado lo que ha sucedido, ¿qué debo hacer? —me preguntó–. ¿Debería salir con toda la clase?

—Eso sería fantástico —le dije–. Nos podemos sentar debajo de esos árboles, y tú nos puedes enseñar matemáticas. Pero no voy a entrar en la clase, incluso si me suspendes, cosa que no podrás, porque ahora sé más matemáticas que ningún otro alumno de la clase. Y tengo un mejor profesor. Tú eres licenciado en ciencias de tercera clase y él es doctor en ciencias, primera medalla de oro.

Durante unos días se lo pensó y una mañana, cuando llegue allí, vi a toda la clase sentada bajo los árboles. Le dije:

—Tu corazón todavía está vivo; las matemáticas no lo han matado.

¿Debemos abandonar todas nuestras ideas previas sobre religión? ¿Podrías hablar sobre la educación religiosa?

Todos los niños son educados, condicionados, en una cierta religión.

Es uno de los crímenes más grandes en contra de la humanidad. No puede haber un crimen más grande que contaminar la mente de un niño inocente con ideas que van a convertirse en obstáculos en su descubrimiento de la vida.

Cuando quieres descubrir algo, tienes que ser totalmente imparcial. No puedes descubrir la religión siendo musulmán, o cristiano o hindú, no. Esas son maneras de impedirte que descubras la religión.

Todas las sociedades, hasta ahora, han estado intentando adoctrinar a los niños. Antes de que el niño sea capaz de hacer preguntas, se le dan respuestas. ¿Te das cuenta de que esto es una estupidez?

El niño no ha hecho la pregunta, y tú ya le estás dando una respuesta. Lo que estás haciendo en realidad es matar la posibilidad de que surja la pregunta. Has llenado su mente con la respuesta. Y si no tiene su propia pregunta, ¿cómo puede tener su propia respuesta? La búsqueda tiene que ser sinceramente suya. No puede ser prestada, no puede ser heredada.

Pero este disparate ha estado sucediendo durante siglos. El sacerdote, el político y tus padres están interesados en hacer algo de ti antes de que puedas descubrir quién eres. Tienen miedo de que si descubres quién eres, seas un rebelde, seas peligroso para los poderes establecidos. Entonces te convertirías en un individuo viviendo por derecho propio, no una vida prestada.

Tienen tanto miedo que antes de que el niño sea capaz de preguntar, de investigar, empiezan a atiborrar su mente con todo tipo de tonterías. El niño está indefenso. Naturalmente, cree en su madre y en su padre, y por supuesto cree en el sacerdote, en el que a su vez creen el padre y la madre. Todavía no ha aparecido el gran fenómeno de la duda.

Y dudar es una de las cosas más valiosas en la vida, porque a menos que dudes no puedes descubrir.

Tienes que agudizar tu capacidad de dudar para que puedas ir a través de toda la basura, y hacer preguntas que nadie pueda responder. Sólo tu propia búsqueda, tu investigación, te ayudará a poder plantearlas.

El interrogante religioso no es algo que pueda ser respondido por nadie más. Nadie más puede amar en tu lugar. Nadie más puede vivir en tu lugar.

Tienes que vivir tu vida e investigar y explorar las preguntas fundamentales de la vida.

Y a menos que las descubras tú mismo, no hay alegría, no hay éxtasis.

Si te entregan un Dios prefabricado, no vale nada, carece de valor. Pero así es como se está haciendo.

Lo que tú llamas ideas religiosas no son religiosas, sino sólo supersticiones transmitidas a través del tiempo, tanto que sólo su antigüedad las ha hecho aparecer como verdad.

Para él es imposible dudar: «¿Estarán equivocadas todas estas personas?» Y no son los únicos. Sus padres, y los padres de sus padres han estado creyendo en esas verdades desde hace miles de años. No pueden estar todos equivocados. «Y yo, un niño pequeño en contra de toda la humanidad...» Él no puede reunir el coraje. Empieza a reprimir cualquier posibilidad de duda. Y todo el mundo ayuda a reprimir esa duda porque: «Las dudas las siembra el diablo. La duda es quizá el pecado más grande. La creencia es una virtud. Cree y encontrarás; duda y has equivocado el primer paso.»

La verdad es justo lo opuesto. Cree y nunca encontrarás, y todo lo que encuentres no será otra cosa que la proyección de tu propia creencia, no será la verdad.

¿Qué tiene que ver la verdad con creer?

Duda y duda totalmente, porque la duda es un proceso de limpieza. Saca toda la basura de tu mente.

Te devuelve a la inocencia, vuelves a ser el niño que fue destruido por los padres, por los sacerdotes, por los políticos, por los pedagogos. Tienes que descubrir nuevamente a ese niño. Tienes que empezar desde ese punto.

Yo nací en una familia jainista. En el jainismo no se cree en Dios; no hay un Dios creador. Debido a que el condicionamiento jainista no refuerza la idea de Dios en sus niños, ningún niño jainista, ni ningún adulto, pregunta: «¿Quién creó el mundo?» Porque desde el principio han sido condicionados a que el mundo existe desde la eternidad a la eternidad; no hay ningún creador y no hace falta. Por eso esa pregunta no surge.

Los budistas nunca hacen la pregunta: «¿Qué es Dios, dónde está Dios?» Porque el budismo no cree en Dios; por eso el niño ha sido condicionado de esta manera. Cuando preguntas sobre Dios, te crees que es tu pregunta; no lo es. Quizá hayas nacido en una familia hindú, cristiana o judía, y han condicionado tu mente con que Dios existe. Te han transmitido una determinada imagen de Dios, unas determinadas ideas sobre Dios. Y te han metido tanto miedo que dudar se ha vuelto peligroso.

A un niño pequeñito se le asusta con el miedo al infierno eterno, en donde te echarán vivo a las llamas, y te quemarás pero no morirás. Naturalmente, la duda no parece ser tan importante como para correr un riesgo semejante. Y eres motivado a que si crees, si simplemente crees, todos los placeres, todas las alegrías de la vida serán tuyos. Cree y estás a la derecha de Dios; duda y estás del lado del diablo.

Al niño pequeño no le queda más posibilidad que aceptar toda la basura que le estás dando.

Está asustado. Le da miedo quedarse solo en mitad de la noche, en la casa, y tú le estás hablando del infierno eterno: «Te caes y te sigues cayendo en una oscuridad cada vez más profunda, y no hay un final y nunca puedes salir.» Naturalmente, el niño no se atreve a dudar, le da tanto miedo que no vale la pena. Y creer es tan sencillo. No se espera nada de ti: basta con creer en Dios, el hijo, el Espíritu Santo…, basta con creer que Jesús es el hijo de Dios, y el mesías… y que ha venido a redimir a toda la humanidad…, y que te redimirá a ti también. ¿Por qué no ser redimido si es tan fácil? No se te pide mucho. Sólo cree, y todo se pondrá a tu favor.

¿Por qué vas a escoger la duda? Naturalmente, deberías escoger la fe. Y esto sucede a una edad muy temprana –después sigues creciendo, y la fe, el condicionamiento, las ideas y la filosofía se van amontonando encima–, de forma que es muy difícil excavar y enterarte de que hubo un día en el que tú también estabas lleno de duda. Pero la duda ha sido aplastada, apartada de la vista. Hubo un día en el que te resistías a creer, pero te han convencido. Te han puesto delante todo tipo de recompensas.

Puedes convencer a un niño pequeño dándole un juguete; y le has dado todo el Paraíso.

Si has conseguido convencerle de que crea, no has hecho un gran milagro. Es una explotación muy sencilla.

Quizá lo estás haciendo sin darte cuenta; tú también has pasado a través del mismo proceso. Y una vez que has cerrado las puertas a la duda, has cerrado las puertas a la razón, al pensamiento, a preguntar, a la búsqueda. Dejas de ser un ser humano de verdad.

Las puertas de la duda se han cerrado, eres un zombi, estás hipnotizado, condicionado, convencido a base de miedo, a base de avaricia, a creer en cosas en las que ningún niño normal creería, a menos que todas estas cosas hayan sido manipuladas.

En el momento en que dejas de dudar y de pensar, te puedes creer cualquier cosa. Entonces no hay preguntas.

Sólo desde la inocencia de tu infancia comienza una búsqueda real de la verdad. Sólo desde ahí es posible la religión.

Un niño pequeño presentó el siguiente resumen de la catequesis del domingo:

—Estaban esos judíos que se habían escapado de un campo de prisioneros en Egipto. Corrieron y corrieron hasta que llegaron a un lago muy ancho. Los guardias de la prisión les estaban rodeando de modo que los judíos saltaron al agua y nadaron hasta algunos barcos que les estaban esperando. Los guardas se montaron en submarinos y trataron de torpedear los barcos, pero los judíos lanzaron unas cargas de profundidad y explotaron todos esos submarinos y llegaron a salvo a la otra orilla. Todo el mundo llamó al almirante por su nombre de pila, Moisés.

El padre del niño preguntó:

—¿Estás seguro de que esto es lo que os contó vuestro profesor?

—Papá —respondió el niño—, si no te puedes creer mi historia, nunca te podrás creer la que contó el profesor.

Contándoles a los niños historias estúpidas no les estás ayudando a que se hagan religiosos; al contrario, les estás ayudando a hacerse antirreligiosos. Cuando crezcan se enterarán de que todas esas doctrinas religiosas eran cuentos de hadas.

Tu Dios, tu Jesucristo, más adelante todos ellos se convertirán en Santa Claus en la mente del niño; engaños, fábulas, para mantener a los niños ocupados. Y una vez que los niños se enteran de que lo que les has estado contando como una verdad absoluta son sólo mentiras y nada más, has destrozado algo muy valioso en su ser. Nunca jamás volverán a interesarse en la religión.

He podido observar que el mundo se está volviendo cada vez más irreligioso por culpa de la enseñanza religiosa.

¿Cuánto puedes recordar de lo que te fue enseñado? Nadie se acuerda; se tira todo a la basura.

Puedes seguir enseñando…, nadie está escuchando. Los niños están indefensos; tienen que ir a la catequesis, por eso van. Tienen que escuchar, por eso escuchan, pero no están ahí. Y más tarde dicen y saben que todo aquello eran sólo bobadas. Ahora dile a un niño que Dios creó el mundo sólo cuatro mil años antes de Jesucristo, y el niño te sonreirá. Y el niño sabe que: «O me estás engañando, o eres un completo ignorante.»

El mundo ha existido durante millones de años. De hecho, nunca ha habido un comienzo. En realidad Dios no es el creador, sino la creatividad. Decirle a un niño que Dios acabó el mundo en seis días y descansó el séptimo porque estaba cansado es como decirle que desde entonces no se ha preocupado de nosotros en absoluto.

Un hombre fue a su sastre y le preguntó: «¿Cuánto tardará en estar listo mi traje? Me lo has estado prometiendo desde hace seis semanas, y siempre me repites: "Vuelve de nuevo, vuelve de nuevo…" Y ¿sabes? Dios creó el mundo en seis días solamente. ¿Y en seis semanas no has sido capaz de hacerme un traje?»

¿Y sabéis lo que dijo el sastre? Dijo: «Sí, lo sé; y fíjate en el mundo, después mira mi traje y verás la diferencia: el mundo es un desastre. Eso es lo que ocurre cuando haces algo en seis días.»

Cuando los Eisenberg se mudaron a Roma, el pequeño Jaime volvió a casa de la escuela llorando. Le explicó a su madre que las monjas le estaban haciendo todo el rato preguntas católicas, y que

cómo se suponía que él, un hermoso niño judío, iba a saber las re-
puestas. El corazón de la señora Eisenberg se estremeció con ma-
ternal compasión.

—Jaime —dijo—, te voy a bordar las respuestas en el interior de tu
camisa, y la próxima vez que esas monjas te pregunten sólo tendrás
que mirar hacia abajo y leerlas.

—Gracias, mamá —dijo Jaime.

Y no parpadeó cuando la hermana Michele le preguntó quién
era la virgen más famosa del mundo.

—María —respondió.

—Muy bien —dijo la monja—, ¿y quién fue su marido?

—José —respondió el niño.

—Ya veo que has estado estudiando. Ahora, ¿puedes decirme el
nombre de su hijo?

—Claro —dijo Jaime—, Calvin Klein.

El pequeño Ernesto se estaba cansando mucho con el largo sermón en la iglesia. En un susurro muy alto preguntó a su madre:

—Si le damos ahora el dinero, ¿nos dejará irnos?

*¿Cómo podemos enseñar a nuestros hijos a ser mora-
les y religiosos?*

La inteligencia es la fuente de toda religiosidad y moralidad, y
los niños son más inteligentes que tú. Aprende de ellos en vez de
tratar de enseñarles. Abandona esa estúpida idea de que tienes que
enseñarles. Obsérvales, fíjate en su autenticidad, fíjate en su espontaneidad, fíjate cómo están en guardia, fíjate cuán alertas están,
qué llenos de vida y alegría, qué buen humor, qué llenos están de
maravilla y asombro.

La religión surge de la maravilla y el asombro. Si te puedes ma-
ravillar, si te puedes asombrar, eres religioso. No por leer la Biblia,
el Gita o el Corán, sino al experimentar el asombro. Cuando ves el
cielo lleno de estrellas, ¿sientes cómo te baila el corazón? ¿Puedes

ver cómo surge una canción en tu ser? ¿Te sientes en comunión con las estrellas? Entonces eres religioso. No eres religioso por ir a la iglesia o al templo y repetir oraciones prestadas que no tienen nada que ver con tu corazón, son sólo historias mentales.

La religión es una historia de amor, una historia de amor con la existencia. Y los niños ya están enamorados. Lo único que tienes que hacer por tu parte es no destruirlos. Ayúdales a mantener esa admiración viva, ayúdales a seguir siendo sinceros, auténticos e inteligentes. Pero los destruyes. Eso es lo que persigues, en realidad, cuando haces esta pregunta: «¿Cómo podemos enseñar...?»

La religión no se puede enseñar, sólo se puede cazar. ¿Eres religioso? ¿Estás rodeado de la vibración de la religión? Entonces no harías una pregunta tan estúpida. Entonces tus hijos la aprenderán simplemente por estar contigo. Si te ven con lágrimas en los ojos mirando una puesta de sol, no tendrán más remedio que verse afectados; se quedarán callados. No necesitas decirles que se callen; verán las lágrimas y entenderán su idioma.

Observa la inteligencia de los niños. Y siempre que encuentres inteligencia, regocíjate, ayúdales y diles que «esta es la manera en que debéis hacer las cosas».

Papá criticó el sermón, mamá pensó que el organista había cometido muchos errores. A la hermana no le gustó cómo cantaba el coro. Pero se lo pensaron dos veces cuando el hijo más joven soltó:

—De todas formas, no ha estado tan mal por veinte pesetas.

El propietario de una granja de pollos quería que su hijo se comportara mejor, por eso diseñó una lección práctica.

—¿Ves, hijo mío? A los pollos que fueron malos se los comió el zorro.

—Y si hubieran sido buenos, ¿nos los hubiéramos comido nosotros? —replicó el hijo.

Dos niños de seis años estaban mirando una pintura abstracta en una tienda de regalos. Mirando la mancha de pintura:

—Vámonos corriendo –dijo uno–, ¡antes de que digan que lo hemos hecho nosotros!

Un padre regresó a casa de su día habitual de trabajo en la oficina para encontrarse a su hijo pequeño enfrente de las escaleras con un aspecto muy disgustado.
—¿Qué te ha pasado, hijo? –preguntó.
—Entre tú y yo –dijo el niño–, no logro entenderme con tu mujer.

Un padre llevó a su hijo pequeño a la ópera por primera vez. El director empezó moviendo su batuta y la soprano empezó su aria. El chico, finalmente, preguntó:
—¿Por qué le está pegando con el palo?
—No le está pegando, está sólo moviéndolo en el aire –replicó el padre.
—Entonces, ¿por qué chilla?

Observa un poco a los niños pequeños; fíjate en su inteligencia.
Juanito estaba volviendo a casa de su primer día de escuela.
—Bueno, querido –le preguntó su madre–, ¿qué te han enseñado?
—No demasiado –replicó el niño–. Tengo que volver de nuevo.

Si observas a los niños pequeños, su inventiva, su inteligencia, su constante exploración de lo desconocido, su curiosidad, su búsqueda, no necesitas enseñarles ninguna creencia.
Ayúdales a entender y diles que encuentren su propia religión.
No les dejas votar a los niños; para una ideología política tienen que esperar a los veintiún años, entonces tú consideras que ya están suficientemente maduros como para votar. ¡Y para la ideología religiosa son suficientemente maduros a la edad de cinco o de cuatro años! ¿Te crees que la educación religiosa pertenece a una categoría inferior que la educación política? ¿Te crees que para pertenecer a un partido político necesita una mayor inteligencia y más madurez que para pertenecer a un religión? Si veintiún años es la

edad de la madurez política, entonces para la madurez religiosa harán falta por lo menos cuarenta y dos años. Antes de los cuarenta y dos años nadie debería de escoger ninguna religión. Pregunta, busca, explora y explora por todos lados, explora en todas las direcciones posibles.

Y cuando tú mismo hayas decidido tu religión, entonces ésta tendrá significado: cuando te es impuesta, es una esclavitud; cuando la eliges, es un compromiso, es una implicación.

Y la moralidad es el derivado de la religión. Cuando sientes que la religión está naciendo en tu corazón, que hay una relación, que está ocurriendo una comunión con la existencia, uno se vuelve moral. No es un asunto de mandamientos, no es un asunto de debería o no debería; es un asunto de amor, de compasión.

Cuando eres silencioso, surge una compasión profunda por toda la existencia, y a partir de esa compasión uno se vuelve moral. Uno no puede ser cruel, uno no puede matar, uno no puede destruir. Cuando eres silencioso, feliz, te empiezas a convertir en una bendición para todos los demás. Ese fenómeno de convertirte en una bendición para todos los demás es la auténtica moralidad.

La moralidad no tiene nada que ver con los así llamados principios morales. Los supuestos principios morales solamente crean hipócritas: crean seudopersonas, personalidades fragmentadas. Una humanidad esquizofrénica es el resultado de miles de sacerdotes, supuestos santos y mahatmas[9] y sus continuas enseñanzas: «No hagas esto, no hagas aquello.» No te ayudan a que seas consciente, a ver qué es lo que está bien y lo que está mal. No te dan ojos, sólo se te dan instrucciones.

Mi esfuerzo aquí es ayudarte para que puedas abrir los ojos, descubrir tus ojos, quitar todo tipo de cortinas de tus ojos, para que puedas ver lo que es correcto. Y cuando veas lo que es correcto lo harás, no podrás hacer otra cosa. Cuando veas lo que está mal, no podrás hacerlo; es imposible.

La religión trae claridad y la claridad transforma el carácter.

---

[9] Grandes almas, santón hindú. *(N. del T.)*

A menudo nos dices que no nos juzguemos ni a noso-
tros mismos ni a los demás. Soy profesor y en mi tra-
bajo tengo que juzgar a los alumnos. Estoy preocupa-
do por cómo me las voy a arreglar para hacer mi
trabajo. ¿Me puedes ayudar?

Cuando digo que no debes juzgar no estoy diciendo que porque seas el profesor no le puedas decir a un alumno: «La respuesta que has dado no es correcta.»

No es juzgar a la persona, es juzgar el acto. Y no te estoy diciendo que no juzgues el acto, esto es otro asunto.

Por ejemplo, alguien es un ladrón; puedes juzgar que robar no está bien. Pero no juzgues a la persona, porque la persona es un vasto fenómeno y el acto es algo pequeño. El acto es una pequeña pieza…, esa pequeña pieza no debe convertirse en un juicio acerca de toda la persona. Un ladrón podría tener grandes virtudes; podría ser honesto, podría ser sincero, podría ser una persona muy amorosa.

Pero la mayor parte de las veces lo que sucede es justo lo contrario: la gente empieza a juzgar a la persona en vez de juzgar la acción. Se deben corregir las acciones, y especialmente en una profesión como la enseñanza; no puedes dejar que los estudiantes se sigan equivocando. Eso sería muy cruel, falto de compasión.

Pero no los corrijas de acuerdo a la tradición, a la convención, de acuerdo a la supuesta moralidad, de acuerdo a tus prejuicios. Siempre que corrijas a alguien, sé muy meditativo, sé muy silencioso; mira todo el asunto desde todas las perspectivas. Tal vez estén haciendo lo correcto, y tu recelo no sea justificado.

Por eso cuando digo: «No juzgues», quiero decir que ninguna acción te da el derecho de condenar a una persona. Si la acción no es correcta, ayuda a la persona, averigua por qué la acción no es correcta, pero no se trata de juzgar. No le arrebates la dignidad a la persona, no la humilles, no le hagas sentirse culpable; a eso me refiero cuando digo: «No juzgues.»

Pero en lo que se refiere a corregir: sin prejuicios, silenciosamente en tu conciencia, si ves que algo está mal y que destruirá la inteligencia de la persona, que le llevará por caminos equivocados en su vida, ayúdala.

El trabajo de un profesor no es sólo enseñar cosas inútiles, geografía, historia y todo tipo de bobadas. Su función básica es inducir a los estudiantes a una mejor conciencia, a una conciencia más elevada. Ese debería ser tu amor y tu compasión, y, además, debería ser el único valor con el que juzgar si una acción es correcta o equivocada.

Pero nunca, ni por un momento, dejes que la persona se sienta que está siendo juzgada. Al contrario, hazle sentir que ha sido amado; has intentado corregirle por amor.

Un hombre tumbado en la cama de un hospital, saliendo de la anestesia, se despierta para encontrarse al doctor sentado a su lado:

–Tengo malas noticias y buenas noticias para ti –dice el doctor–, ¿qué te gustaría primero, las buenas o las malas?

–Aaagh –gime el hombre–, dime las malas.

–Bien –dice el doctor–. Hemos tenido que amputarte las dos piernas por encima de la rodilla.

–Aaaagh –gime el hombre–, eso es muy malo.

Después de recuperarse del shock, le pregunta al doctor por las buenas noticias.

–Bueno –dice el doctor–, al hombre de la cama de al lado le gustaría comprarte tus zapatillas.

¡No te lo tomes en serio! No pienses que eres el profesor y que estás en un trabajo muy serio. Mira la vida con ojos juguetones…, ¡es realmente hilarante! No hay nada que juzgar; todo el mundo lo está haciendo lo mejor que puede. Si sientes que alguien te está molestando, es tu problema, no el suyo. Primero corrígete tú mismo.

*Soy profesor en un jardín de infancia, enseño a niños
de cuatro y cinco años*

Estar con niños es una de las cosas más hermosas. Pero uno tiene que aprender; si no, puede ser una de las cosas más tediosas del

mundo. Te tiene que gustar; si no, es una de las cosas más aburridas. Te puede volver loco. Te puede producir una crisis nerviosa,
porque los niños son muy ruidosos, muy incivilizados, incultos...,
son como animales; pueden volver loco a cualquiera. Un niño es
suficiente para volver loco a cualquiera, o sea que un montón de
niños, una clase entera es realmente complicado. Pero si te gusta,
es una gran disciplina.

Por eso no solamente les enseñes, aprende también, porque todavía conservan algo que tú has perdido. Ellos lo perderán antes o
después. Aprende de ellos antes de que les suceda. Todavía son espontáneos, todavía son intrépidos. Todavía son inocentes. Cada vez
lo pierden más rápido. Cuanto más crece la civilización, antes se
termina la infancia. Antes, solía acabarse alrededor de los catorce,
quince o dieciséis años. Ahora, hasta un niño de siete años ha dejado de ser un niño. Ha empezado a madurar. Ahora la madurez llega antes porque conocemos mejores métodos para condicionar,
para estructurar.

Por eso, cuando estás con niños de cuatro o cinco años, está
bien ser como ellos. Y no te creas que tú sabes y ellos no. Escucha,
saben algo. Lo saben más intuitivamente. No tienen conocimientos, pero tienen una visión, una visión muy clara. Sus ojos todavía
están despejados y sus corazones todavía fluyen, laten. Están todavía sin contaminar. El veneno no ha empezado todavía. Todavía son
naturales.

Por eso no seas un erudito con ellos. No seas profesor, sé un
amigo. Hazte su amigo y comienza a buscar las claves de la inocencia, la espontaneidad, la inteligencia. Te ayudará enormemente
y tu meditación llegará de modo más profundo.

A su alrededor sólo tienes que ser como una atmósfera amorosa, para ayudarles a que hagan mejor todo lo que quieran hacer.
Ayúdales a hacerlo mejor. Y no están compitiendo, no es un juego
de ambición.

No estamos tratando que en su vida sean muy poderosos, famosos, ricos, esto y aquello, no. Todo nuestro esfuerzo es ayudarles a estar vivos, a ser auténticos, amorosos, a fluir, y del resto se ocupa la vida. Confianza en la vida; eso es lo que hay que crear a su alrededor, para que puedan confiar en la vida. Que no tengan que luchar, sino que puedan relajarse. Y en cuanto a la educación, ayúdales a ser más creativos. La pintura está bien, deberían intentarlo, o crear otras cosas, pero que sean creativos; déjales hacer cosas espontáneamente. Y no les inculques tus criterios.

Cuando un niño pinta, no le impongas tus criterios de adulto; no le digas que esto no es un Picasso. Si el niño lo ha disfrutado y cuando lo estaba pintando estaba absorto en ello, eso es suficiente. ¡El cuadro es maravilloso! No debido a ningún criterio objetivo, el cuadro podría ser un disparate; podría ser sólo colores aplastados, podría ser un desastre…. Debe de serlo porque un niño es un niño; tiene una visión diferente de las cosas.

Por ejemplo, si el niño dibuja la cara de un hombre, tiene una visión diferente. Hará unos ojos muy grandes; la nariz será muy pequeña. Puede que no tenga orejas –nunca se ha fijado–, pero los ojos son muy importantes para él. Si pinta un hombre, hará la cabeza, las manos y las piernas pero no pintará el torso; esa es su visión. Para ti está mal, pero desde su punto de vista así es como él ve a un hombre: manos, piernas y cabeza.

Por eso no se trata de tener que juzgar si la pintura es buena o mala. No, no vamos a juzgar en absoluto. No hagas que el niño se sienta bien o mal sobre esto. Si el niño está absorto pintándolo, es suficiente. Estaba en profunda meditación, se metió en la pintura totalmente… ¡estaba totalmente perdido en ella! La pintura es buena porque el pintor se perdió.

Ayuda al niño a perderse completamente, y siempre que el niño esté pintando por su cuenta, se perderá. Si le obligas a pintar se distraerá. Por eso, deja a los niños hacer lo que quieran; únicamente ayúdalos. Les puedes decir cómo mezclar los colores, cómo sujetar un lienzo, cómo usar un pincel; a eso les puedes ayudar. Ayúdales ahí; en vez de ser un guía, sé una ayuda.

Así como el jardinero ayuda al árbol… Tú no puedes hacer crecer el árbol rápidamente; no puedes hacer nada de esa manera; no se puede hacer nada positivamente. Plantas una semilla, la riegas, la abonas ¡y esperas! El árbol ocurre espontáneamente. Cuando el árbol está ocurriendo, lo proteges para que nadie le haga daño o lo hiera. Esa es la función del profesor: el profesor tiene que ser el jardinero. No es que tú tengas que crear al niño; el niño viene solo; la existencia es el creador.

Eso es lo que Sócrates quiere decir con: «Soy una comadrona.» La comadrona no crea al niño. El niño ya está ahí, listo para salir; la comadrona le ayuda.

Por eso ayúdales a ser creativos, ayúdales a ser alegres, porque eso ha desaparecido de las escuelas. Los niños están muy tristes, y niños tristes crean un mundo triste. Ellos van a habitar el mundo y nosotros destruimos su alegría. Apoya su alegría, fomenta su celebración, hazles cada vez más alegres. No hay nada más valioso que eso.

El hombre sólo puede salvarse si la sociedad es desescolarizada o si se desarrollan un tipo de escuelas totalmente diferentes, a las que no podremos llamar escuelas; sólo así puede salvarse la humanidad.

Por eso no debe haber nunca ninguna ambición, ni ninguna comparación. Nunca compares a un niño con otro diciendo: «Mira, ¡el otro ha hecho una pintura mejor!...» Eso es feo, violento, destructivo. Estás destruyendo a ambos niños. Al que le dices que ha hecho una pintura mejor comienza a tener la idea del ego, la superioridad, y aquel que ha sido censurado se empieza a sentir inferior. Y estas son enfermedades –superioridad e inferioridad–, ¡por eso nunca compares!

Os resultará complicado a ti y a otros profesores porque la comparación está muy metida en nosotros. Nunca compares. Cada niño tiene que ser respetado por sí mismo. Cada niño tiene que ser respetado como alguien único.

Reconciliación con los padres

Estoy enfadado con mis padres por primera vez. El conflicto entre mi rabia y mi amor es tan grande que duele. ¿Puedes ayudarme?

TODOS los niños se enfadarían si entendieran lo que los pobres padres les han estado haciendo, sin saberlo, inconscientemente. Todos sus esfuerzos son por el bien del niño. Sus intenciones son buenas, pero es nula su conciencia. Y las buenas intenciones son peligrosas en las manos de gente inconsciente; no pueden conseguir el resultado pretendido. Podrían provocar justo lo opuesto.

Cada padre está tratando de traer un hermoso niño al mundo, pero si miras al mundo parece que es un orfelinato. No ha habido ningún padre. De hecho, si hubiera sido un orfelinato habría sido mucho mejor, porque por lo menos hubieras sido tú mismo; ningún padre hubiera interferido contigo.

Por eso la rabia es natural pero inútil. Estar enfadado no ayuda a tus padres, y a ti te hace daño. Se cuenta de Gautama el Buda que dijo una frase muy extraña: «En tu rabia te castigas a ti mismo por las faltas de otro.» La primera vez que te cruzas con la frase que dice que enfadándote te castigas a ti mismo por las faltas de otro, te parece muy extraña.

Tus padres hicieron algo hace veinte o treinta años, y tú estás enfadado ahora. Tu enfado no le va a ayudar a nadie; sencillamente, va a crear más heridas en ti. Estoy tratando de explicarte todo el mecanismo de cómo los niños son educados, tú debes volverte más comprensivo para entender que todo lo que ha sucedido tenía que suceder. Tus padres fueron condicionados por sus padres. Para empezar, no puedes enterarte de quién fue responsable. Se ha ido pasando de generación en generación.

Tus padres han hecho exactamente lo que les han hecho a ellos. Han sido víctimas. Sentirás compasión hacia ellos y te sentirás feliz porque no vas a repetir lo mismo en tu vida. Si decides tener hijos, te sentirás feliz porque vas a romper el círculo vicioso, vas a ser el final de éste. Tú no se lo harás a tus hijos ni a los hijos de ninguna otra persona.

Deberías sentirte afortunado de tener contigo un maestro que te explica lo que ha estado sucediendo entre padres e hijos: la compleja crianza, las buenas intenciones, los malos resultados, donde todo el mundo está tratando de hacer lo mejor y el mundo es cada vez peor.

Tus padres no han sido tan afortunados de tener un maestro, y sin embargo tú estás enfadado con ellos. Deberías de sentirte amable, compasivo, amoroso. Todo lo que hicieron era inconsciente. No lo podrían haber hecho de otra manera. Han intentado contigo todo lo que sabían. Eran desdichados y han creado otro ser humano desdichado en el mundo.

No tenían ninguna claridad acerca de por qué eran desdichados. Tú tienes claridad para entender por qué uno se siente desdichado. Y una vez que entiendes cómo se crea el sufrimiento, puedes evitar causárselo a alguien más.

Pero siente por tus padres. Han trabajado duro; hicieron todo lo que pudieron, sin tener ninguna idea de cómo funcionaba la psicología. En vez de que les enseñaran a ser madre o a ser padre, se les enseñó a ser cristianos, o marxistas, a ser un sastre, a hacerse fontanero, a hacerse filósofo; todas esas cosas son buenas y necesarias, pero falta lo más básico. Si van a tener hijos, la enseñanza más necesaria será cómo ser una madre y cómo ser un padre.

Se ha dado por hecho que por dar a luz ya sabes cómo hacer de madre y cómo hacer de padre. Sí, en lo que respecta a dar a luz a un niño..., es un acto biológico, no te tienen que educar psicológicamente para ello. Los animales lo hacen perfectamente bien, los pájaros lo hacen perfectamente bien, los árboles lo hacen perfectamente bien. Pero dar nacimiento a un niño biológicamente es una cosa, y ser el padre o la madre es otra totalmente diferente. Se necesita una gran educación porque estás creando un ser humano.

Los animales no están creando nada, están simplemente produciendo copias exactas. Y ahora la ciencia ha llegado al punto donde se ha descubierto que realmente ¡se pueden producir copias exactas! Es una idea muy peligrosa. Si hacemos bancos, y antes o después los vamos a hacer, una vez que existe la idea, se convierte en realidad. Y está demostrado científicamente que es 100 por 100 posible…, no hay ningún problema.

Podemos hacer bancos en los hospitales de ambos, esperma masculino y óvulos femeninos. Y podemos crear dos espermatozoides exactamente iguales y dos óvulos exactamente iguales, de modo que nacen dos niños que son exactamente iguales. Un niño será liberado en el mundo; el otro crecerá en una cámara frigorífica, inconsciente, pero todas sus partes serán exactamente iguales a las de la otra persona. Y si a la primera persona le ocurre un accidente y pierde una pierna o pierde un riñón, o le tienen que operar, no pasa nada: su copia exacta está esperando en el hospital. De la copia exacta se le puede extraer un riñón —está creciendo exactamente a la misma velocidad, sólo que está inconsciente—, y será exactamente el mismo riñón que el que ha perdido. Se puede reemplazar.

De alguna forma, esta idea de tener una copia exacta parece ser un gran adelanto de la ciencia médica, pero es peligrosa en el sentido de que el hombre se convierte en una máquina con repuestos, igual que cualquier otra máquina. Cuando algo va mal, reemplazas la pieza. Y si todas las piezas pueden ser reemplazadas, el hombre se irá alejando cada vez más del crecimiento espiritual porque empezará a pensar en sí mismo como en una máquina. Esto es lo que piensa la mitad del mundo, el mundo comunista: que el hombre es una máquina.

Eres afortunado por poder entender la situación en la que se encontraban tus padres. A ti no te han hecho nada específicamente; le hubieran hecho lo mismo a cualquier niño que hubiesen tenido. Estaban programados para eso. Eran impotentes. Y estar enfadado con gente impotente sencillamente no está bien. Es injusto, no hay derecho y además es perjudicial para ti.

Les puedes ayudar convirtiéndote de verdad en el individuo del que estoy hablando: más consciente, más alerta, más amoroso. Sólo puede cambiarles el verte. Verte radicalmente cambiado sólo puede hacerles pensar dos veces que quizá estén equivocados. No hay otra posibilidad. No puedes convencerles intelectualmente. Intelectualmente pueden discutir, y una discusión nunca cambia a nadie. Lo único que cambia a la gente es el carisma, el magnetismo, la magia de tu individualidad. Entonces, todo lo que toques se convierte en oro.

Por eso, en vez de gastar tu tiempo y tu energía en estar enfadado y luchar en contra del pasado que ya no existe, pon toda tu energía en convertirte en la magia de tu individualidad. Por eso, cuando tus padres te ven no pueden permanecer impasibles ante las nuevas cualidades que has desarrollado, cualidades que son automáticamente impresionantes: tu frescura, tu entendimiento, tu cariño incondicional, tu bondad incluso en una situación donde la rabia habría sido más apropiada.

Sólo estas cosas pueden ser verdaderos argumentos. No necesitas decir ni una sola palabra. Tus ojos, tu cara, tus acciones, tu comportamiento, tu respuesta, harán que cambien. Comenzarán a preguntarte sobre lo que te ha sucedido, sobre cómo te ha sucedido, porque todo el mundo desea estas cualidades. Estas son las riquezas reales. Nadie es tan rico que pueda permitirse no tener las cosas que te estoy contando. Por eso pon tu energía en transformarte a ti mismo. Eso te ayudará, eso ayudará a tus padres. Quizá pueda crear una reacción en cadena. Puede que tus padres tengan otros hijos, podrían tener amigos, y esto seguirá y seguirá.

Es como si estuvieras sentado a la orilla de un lago silencioso y tirases una piedrita al lago. La piedra es tan pequeña que al principio crea un pequeño círculo, pero círculo tras círculo…, y siguen extendiéndose a los extremos más alejados, tantos como entran en el lago. Y sólo era una piedrita.

Estamos viviendo en una especie de nueva esfera, un nuevo lago psicológico, en el que hagas lo que hagas creas un cierto tipo de vibraciones a tu alrededor. Afecta a la gente, alcanza fuentes desconocidas.

Simplemente, crea una pequeña onda de individualidad correcta y alcanzará a mucha gente, y con seguridad a los que están relacionados contigo más directamente. Ellos lo verán primero y lo entenderán con gran asombro. Así que siéntete dichoso. Tienes una oportunidad de transformarte totalmente. Y ayuda a tus padres, porque ellos no tuvieron una oportunidad así; siente lástima por ellos.

Mis padres están muy disgustados conmigo, siempre están preocupados. ¿Qué les debo a mis padres?

El problema con la familia es que los hijos abandonan un día la infancia, pero los padres ¡nunca dejan la paternidad! El hombre no ha aprendido todavía que la paternidad no es algo a lo que tengas que aferrarte para siempre. Cuando el hijo se hace una persona adulta, la paternidad termina. El niño lo necesitaba, estaba desamparado. Necesitaba una madre, un padre, su protección; pero cuando un hijo puede mantenerse por sí mismo, los padres tienen que aprender cómo retirarse de la vida del hijo. Los padres permanecen constantemente ansiosos hacia ellos mismos y hacia los hijos porque nunca se retiran de la vida de los hijos. Destruyen, crean culpa; no ayudan más allá de cierto límite.

Ser padre es un gran arte; muy poca gente es capaz de ser padre.

No te preocupes en absoluto, todos los padres ¡están contrariados con sus hijos! Y digo todos sin ninguna excepción. Incluso los padres de Gautama Buda estaban muy contrariados con él, y obviamente los padres de Jesucristo estaban muy contrariados con él. Habían vivido un cierto tipo de vida —eran judíos ortodoxos— y este hijo, este Jesús, estaba en contra de muchas ideas tradicionales, convenciones. El padre de Jesús, José, debía esperar que ahora que su hijo se estaba haciendo mayor, le ayudaría en la carpintería, en su trabajo, en la tienda, y, ¡el estúpido del hijo empezó a hablar del reino de Dios! ¿Crees que fue muy feliz en su vejez?

El padre de Gautama Buda era muy viejo y sólo tuvo un hijo, que además había nacido cuando ya era muy viejo. Toda su vida había estado esperando, rezando, adorando y efectuando todo tipo de rituales religiosos para poder tener un hijo, porque: ¿quién se iba a ocupar de su gran reino? Y entonces un buen día el hijo desapareció del palacio. ¿Crees que se puso muy contento? Estaba tan enfadado, tan violentamente enfadado que habría matado a Gautama Buda ¡si lo hubiera encontrado! Su policía, sus detectives estuvieron buscándole por todo el reino:

–¿Dónde se esconde? ¡Traédmelo!

Y Buda sabía que sería atrapado por los agentes de su padre, por eso lo primero que hizo fue dejar los límites del reino; se escapó a otro reino, y durante doce años no se volvió a oír de él.

Cuando se iluminó, regresó para compartir su alegría, para decirle a su padre:

–He llegado a casa, me he realizado, he conocido la verdad, y este es el camino.

Pero su padre estaba tan enfadado, estaba temblando y agitándose; era viejo, muy viejo. Le dijo a Buda gritando:

–¡Eres mi desgracia!

Miró a Buda, estaba allí de pie con su túnica y su tazón de mendigo, y dijo:

–¿Cómo te atreves a presentarte delante de mí como un mendigo? Tú eres el hijo de un emperador y ¡nunca en nuestra familia ha habido un mendigo! ¡Mi padre fue emperador, su padre también, y durante siglos todos hemos sido emperadores! ¡Tú has deshonrado a toda la estirpe!

Buda escuchó durante media hora, no dijo ni una sola palabra. Cuando al padre se le acabó la mecha, se calmó un poco…, se echó a llorar con lágrimas de rabia, de frustración. Entonces Buda dijo:

–Sólo te pido un favor. Sécate esas lágrimas y mírame, no soy la misma persona que dejó esta casa, estoy totalmente transformado. Pero tus ojos están tan llenos de lágrimas que no puedes ver. ¡Y sigues hablándole a alguien que ya no está! Ha muerto.

Esto provocó otro ataque de rabia, y el padre dijo:

–¿Me estás tratando de enseñar? ¿Te crees que soy tonto? ¿Que no puedo reconocer ni a mi propio hijo? Mi sangre está corriendo por tus venas, y..., ¿que no puedo reconocerte?

Buda le dijo:

—Por favor, no me malentiendas. Sin duda, mi cuerpo te pertenece, pero no mi conciencia. Y mi realidad es mi conciencia, no mi cuerpo. Tienes razón cuando dices que tu padre fue un emperador, y también el padre de tu padre, pero que yo sepa, he sido un mendigo en mi vida pasada y también lo fui en la anterior, porque he estado buscando la verdad. Mi cuerpo ha llegado a través de ti, pero tú solamente has sido un pasaje. Tú no me has creado, has sido un médium, y mi conciencia no tiene nada que ver con la tuya. Y lo que estoy diciendo ahora es que he vuelto a casa con una nueva conciencia, he vuelto a renacer. Mírame, ¡fíjate en mi gozo!

Y el padre miró a su hijo, sin creer lo que le estaba diciendo. Pero una cosa era cierta: él estaba muy enfadado pero el hijo no había reaccionado en absoluto. Eso era absolutamente nuevo, conocía a su hijo. Si hubiese sido la persona de antes se habría enfadado tanto como su padre o incluso más, porque era joven y su sangre era más caliente. Pero no está en absoluto enfadado, hay una paz total en su cara, un gran silencio. La rabia del padre no le altera, no le distrae. El padre le ha insultado, pero parece que no le ha afectado en absoluto. El padre secó las lágrimas de sus viejos ojos, miró de nuevo, vio la nueva gracia...

Tus padres estarán defraudados contigo porque han debido de intentar satisfacer alguna expectativa a través de ti. Pero no te sientas culpable; si no, destruirán tu alegría, tu silencio, tu crecimiento. No te alteres, no te preocupes. No te sientas culpable. Tu vida es tuya y la tienes que vivir siguiendo tu propia luz.

Y cuando hayas llegado a la fuente de la alegría, a tu dicha interna, vuelve a ellos y comparte. Estarán enfadados. Espera, porque la rabia no es algo permanente; viene como una nube y se va. ¡Espera! Ve allí, estate con ellos, pero sólo cuando estés seguro de que puedes permanecer frío, sólo cuando sepas que nada va a desencadenar una reacción en ti, sólo cuando sepas que serás capaz de responder con amor incluso cuando estén enfadados. Y esa será la única manera de ayudarles.

Tú dices: «Siempre están preocupados.»

¡Ese es su problema! Y no te creas que si hubieras seguido sus ideas no se habrían preocupado. De todas formas se habrían preocupado; ese es su condicionamiento. Sus padres se han debido de preocupar y los padres de sus padres se han debido de preocupar; esa es su herencia. Y les has decepcionado porque has dejado de preocuparte. ¡Vas por mal camino! Se sienten desgraciados, sus padres se han sentido desgraciados, y así puedes continuar…, ¡hasta Adán y Eva! Y tú vas por mal camino, de ahí su gran preocupación.

Pero si te preocupas pierdes una oportunidad, y ellos te habrán arrastrado nuevamente al mismo fango. Se sentirán bien, se alegrarán de que hayas regresado al antiguo estilo de vida tradicional, pero esto no va a ayudarte ni a ti ni a ellos.

Si permaneces independiente, si alcanzas la fragancia de la libertad, si te vuelves más meditativo –y para eso estás aquí: para volverte más meditativo, para ser más silencioso, más amoroso, más dichoso– entonces un día podrás compartir tu éxtasis. Para compartir, primero tienes que tener; solamente puedes compartir aquello que ya tienes.

Ahora mismo también puedes preocuparte, pero dos personas que se preocupan simplemente multiplican las preocupaciones; no se ayudan el uno al otro.

Debe de haber sido su condicionamiento. Es el condicionamiento de todos en este mundo.

Un rabino estaba hospedado por una familia, y el hombre de la casa, abrumado por el honor, advirtió a sus hijos que se comportaran durante la cena porque venía el gran rabino. Pero en el transcurso de la comida se rieron de algo y les echó de la mesa.

El rabino entonces se levantó y se preparó para irse.

–¿Ocurre algo? –preguntó el padre preocupado.

–Bueno –dijo el rabino–, yo también me he reído.

No te preocupes de su seriedad, de su preocupación por ti. Inconscientemente están tratando de hacerte sentir culpable. No dejes que triunfen, porque si lo consiguen te destruirán, y de esta manera también destruirán la oportunidad que ellos habrían tenido a través de ti.

Tú dices: «¿Qué les debo a mis padres?»

Les debe esto: ser tú mismo. Les debes esto: ser dichoso, ser extático, volverte tú mismo una celebración, aprender a reír y a disfrutar. Ellos te han ayudado físicamente, tú tienes que ayudarles espiritualmente. Ese será el único modo de devolvérselo.

Me siento culpable por mi madre. No le puedo dar amor ni atención, y desde que vivimos en la misma casa la situación ha empeorado y no sé qué hacer con ella

Algunas cosas. Primero: las madres y los padres piden demasiado, más de lo que los niños les pueden dar, porque el curso natural es: te aman porque eres su hijo; pero tú no puedes amarles del mismo modo porque ellos no son tus hijos. Amarás a tus hijos y se volverá a repetir la misma situación: tus hijos no serán capaces de amarte del mismo modo porque el río se mueve hacia adelante, no hacia atrás. El curso natural es que los padres amen a sus hijos, y que los hijos, a su vez, amen a sus hijos; no puede ir hacia atrás. Pero la exigencia parece natural. Como la madre te ha amado, ella cree que tú deberías de amarla de la misma manera, y, cuanto más te lo pida, serás menos capaz de devolverle ese amor y ella creará en ti más sentimiento de culpa. Por eso abandona esa idea, abandónala completamente; es natural. Tú no le puedes amar de la misma manera que ella te ha amado, y no es nada extraño en absoluto. Esto le sucede a todo niño; la naturaleza quiere que sea así.

Si los hijos aman demasiado a sus padres, no serán capaces de amar a sus propios hijos. Eso es más peligroso, entonces la supervivencia de la especie estaría en peligro. Tu madre tampoco ha amado a su madre. Como mucho, uno puede ser cortés, formal, pero el amor no fluye hacia atrás. Puedes ser respetuoso, eso es verdad, uno debería ser respetuoso, pero no es posible el amor.

Cuando entiendas que el amor no es posible, el sentimiento de culpabilidad desaparecerá.

Hay algunas personas que se apegan demasiado, se obsesionan demasiado con sus padres; están psicológicamente enfermos. Si una mujer ama demasiado a su madre, no será capaz de amar a un hombre porque siempre le parecerá que esto hace sufrir a su madre, que creará algún tipo de conflicto. Si ella ama a un hombre, su amor fluirá hacia él y se sentirá culpable. Nunca disfrutarán de la vida y además estarán enfadados con sus padres. En el fondo están esperando: «Algún día, cuando se muera mi madre o mi padre, seré libre», aunque no se lo dirán a nadie, ni siquiera a ellos mismos. Esto estará rondando ahí en su inconsciente, porque parece la única posibilidad que tienen de ser libres. Eso no está bien, pensar en la muerte de tus padres, pero es lo que sucede cuando te apegas demasiado.

No es necesario, simplemente sé respetuoso, eso es todo. Ocúpate, haz todo lo que puedas hacer, pero no te sientas culpable en absoluto.

Y si los padres son comprensivos, entenderán esto. Esto es lo que les sucede a los animales: en los animales esto no se plantea: en cuanto la cría es capaz de andar sola, abandona a sus padres. Los padres no van detrás diciéndole: «Escucha, ¿adónde vas? Con todo lo que hemos hecho por ti...» En la naturaleza nunca se plantea esta pregunta.

Y no es que la madre y el padre no hayan hecho nada; han hecho mucho, especialmente la madre, pero fue su disfrute. Llevarte en el vientre fue su disfrute. Alimentarte, criarte, fue su disfrute. Ella ya ha sido recompensada. No hace falta darle nada más; no es una cuestión de dar. Ella ha disfrutado esos momentos —estando embarazada lo disfrutó—; cuando parió estaba feliz, porque se convirtió en madre, estaba satisfecha. Entonces te crió y se sentía feliz: está criando a un niño..., una felicidad natural. Ella ya ha sido recompensada. La naturaleza siempre recompensa inmediatamente; nunca deja asuntos pendientes.

Así que no te sientas culpable; ahí es donde tienes que cambiar de idea. Deja la culpa y después observa el cambio.

Y no hay necesidad de que vayas a verla, si no te apetece. ¡Ve sólo cuando te sientas bien! Nunca vayas por obligación. Nunca vayas porque tienes que ir. Sólo ve cuando te sientas realmente feliz y quieras pasar unos momentos con tu madre. Es mejor ser feliz y estar allí sólo unos momentos en lugar de ser horrible y estar allí durante horas creando sufrimiento para ambos. Sé un poco más consciente.

Cuando pienso en ir a ver a mis padres se me hace un nudo en el estómago. O bien me comporto con ellos de un modo muy distante y mecánico, o muy discutidor y a la defensiva. No siento compasión por ellos. ¿Debería hacer terapia?

No es necesario. Sólo es un miedo que procede del pasado. Tu energía está perfectamente bien: no hay ningún nudo en tu energía, el nudo sólo está en tu memoria. Son dos cosas diferentes.

Si el nudo está en la energía, entonces es un tema complicado. Pero si el nudo sólo está en la memoria, es muy sencillo, puedes dejarlo fácilmente. Te sugiero que antes de hacer nada, sé feliz durante dos o tres meses. Disfruta de la vida sin barreras, sin culpas, sin inhibiciones. Si puedes disfrutar de la vida sin culpas y sin inhibiciónes, surgirá una gran compasión por tus padres.

De hecho, un hijo no será capaz de perdonar a sus padres a menos que se libere de la culpabilidad, porque los padres significan culpabilidad. Han creado la culpabilidad fundamental: haz esto, no hagas aquello; sé de esta manera y no seas de aquella otra. Fueron los primeros elementos creativos, pero también fueron los primeros elementos destructivos. Ayudaron al niño a crecer, le amaron, pero tenían sus propias mentes y condicionamientos, y le trataron de imponer esos condicionamientos. Por eso todos los hijos odian a sus padres.

Estás en contra de tus padres, les tienes miedo porque no te permiten ser tú mismo. Por eso, siempre que están ahí empiezas a sentir calambres, sientes nudos en el estómago porque no te dejan ser tú mismo. En su presencia te conviertes de nuevo en un niño; revives el pasado. Vuelves a estar desamparado; pero ahora no eres un niño; por eso, naturalmente, te vuelves discutidor, te desquitas, te enfadas o te pones muy a la defensiva, o empiezas a evitarlos…, pero todas esas cosas crean distancia.

Y hay un deseo profundo en ti de amar a tus padres; le pasa a todo el mundo. Tú vienes de ellos, les debes la vida. Todo el mundo ama su origen, pero ese mismo origen ha hecho algo que no te permite aproximarte ni comunicarte; por eso, cuando te acercas surge el problema. Si no te acercas aparece un deseo profundo de comunicarte, de perdonar, de tender nuevos puentes.

Vive como quieras durante tres meses para limpiar esta parte de la memoria. Vive como quieras. Tus padres ya no te lo están impidiendo. Tus padres te hablarán desde tu interior muchas veces: irás a hacer algo y aparecerá una voz paternal que dirá: «No hagas esto.» Ríete de esta voz paternal y recuerda que ahora eres libre y que tus padres te han hecho suficientemente maduro como para poder vivir tu propia vida y poder responsabilizarte de ella. Por eso no necesitas esta voz, ahora tienes tu propia conciencia, no necesitas ningún sustituto. Ahora no hace falta que tus padres hablen por ti; puedes hablar por ti mismo.

Prueba esto durante tres meses; y al cabo de esos tres meses ese nudo habrá desaparecido. Puede desaparecer muy fácilmente, se puede borrar. Y lo puedes hacer tú solo, no necesitas terapia. Si no puedes y sientes que es muy difícil, entonces la terapia te puede ayudar. Hará lo mismo: tratará de borrar esa memoria. Si no puedes hacerlo solo, siempre es bueno buscar el apoyo de algún experto que sepa cómo hacerlo, pero primero inténtalo solo.

De lo contrario, lo que a veces sucede es que tu terapeuta quizá sea capaz de ayudarte a que te libres de tus padres, pero entonces él se vuelve tu padre. La mente es tan chapucera, tan confusa, que siempre que comienza a perder el control sobre algo, inmediatamente se aferra a cualquier otra cosa como sustituto. Por eso, mucha gente que va al terapeuta se libera poco a poco de muchos problemas, pero entonces es el terapeuta el que se convierte en el problema. No pueden permitirse perder al terapeuta; no pueden dejar la terapia. Pueden cambiar de terapeuta, pueden cambiar de terapia, pueden ir de un tipo de terapia a otro, pero se han vuelto adictos a la terapia.

En ocasiones está muy bien que abordes los problemas tú solo; te dará más confianza.

Y este es el proceso: hacer todo lo que quieras. No se trata de si está bien o está mal. Durante estos tres meses todo lo que quieras hacer está bien, y todo lo que no quieras hacer está mal, o sea que no lo hagas. Siéntete cómodo y completamente libre y disfruta de la vida como si acabaras de nacer por primera vez. Y es exactamente eso lo que sucede a través de sannyas. Eres un nuevo niño, es un nuevo nacimiento. Puedes comenzar a crecer en una nueva dirección, y entonces las voces y los condicionamientos paternos dejarán de ser un obstáculo, es un nuevo crecimiento.

Mi padre ha muerto de repente y, en cierto sentido, creo que tengo que ir a estar con mi madre para terminar algo allí. Siento que hay algo con ella emocionalmente incompleto, y parece que ha llegado el momento

Con los padres siempre ocurre lo mismo. La relación es tal que se necesita una gran conciencia para acabarla, sólo entonces se puede acabar. La misma idea de tener que acabarla quizá te impida hacerlo. Por eso no vayas con esa idea. Simplemente estate allí..., de un modo natural, de un modo amoroso.

Haz todo lo que puedas, porque los padres han hecho mucho, y en Occidente ni siquiera les dan las gracias. Nadie siente gratitud.

En Oriente ha sido totalmente diferente. En Oriente nunca ha sido una situación inacabada. Siempre está completa, porque los padres les han dado todo y los hijos siempre les han rendido toda la reverencia posible, todo el respeto posible. Esto es muy natural en Oriente, y debe de ser así por una profunda razón.

Si no te relacionas con tus padres, no te relacionarás contigo mismo, porque los padres no son solamente un fenómeno accidental, están profundamente en tus raíces..., vienes de ellos. La mitad de tu ser viene de tu madre, la otra mitad viene de tu padre. Los dos tienen su continuidad en ti. Todos sus conflictos continúan en ti..., en el fondo todas sus ansiedades. Es por tu propio bien que tienes que llegar a un arreglo. Y la manera más fácil es no hacer ningún esfuerzo.

El esfuerzo nunca ayuda, es muy artificial. Por eso olvídate de esta idea, de lo contrario volverás con el sentimiento de que otra vez algo ha quedado incompleto.

Ve allí, estate allí. Y en estos momentos ella te va a necesitar. Si tu padre se ha ido ella estará muy apenada, te necesitará. O sea que no hagas ningún esfuerzo deliberado. Sencillamente estate con ella, acaríciala, ocúpate de ella..., alguna vez medita con ella; si puedes, ayúdale a meditar. Si no, también le puedes decir que vas a meditar en su habitación. Ella puede estar descansando en la cama; tú meditarás. Y esa misma vibración le ayudará.

Sé feliz. Será complicado en una situación así, en esta situación, pero a pesar de todo sé feliz. Llévale tu buen humor..., hazle más ligera la carga. Ayúdale a aceptar la situación.

Y no te preocupes sobre tu relación, y de repente verás que se ha sanado. Es indirecto, no puedes trabajar directamente. Y si durante dos o tres semanas puedes ser muy amoroso con ella y ayudarle, y se siente feliz de que hayas venido –se siente feliz porque tienes un tipo de energía totalmente diferente que ella necesitaba..., porque has sido un alimento para ella–, eso es suficiente. Sentirás cómo llegáis a un encuentro.

Ninguna relación se queda colgando si podemos ser amorosos. Cada momento se completa.

Sospecho de mi padre. No creo que sea mi verdadero
padre. ¿Puedes ayudarme a librarme de esta duda?

¡Es una pregunta muy complicada! En primer lugar, no tiene
importancia. El que A o B sea tu padre es irrelevante. ¿Por qué tiene importancia? Tú eres tú, tú eres lo que eres. Ahora da igual de
dónde vino tu primera célula, de dónde, de qué fuente.

¿Por qué estás tan preocupado? Pero este tipo de cosas se convierten en obsesiones. Incluso si te llegas a enterar, incluso si te
digo: «Ese hombre es tu padre», por ejemplo, si te digo que Pablo
es tu padre, entonces ¿qué? ¿Me vas a creer? Entonces empezarás a
dudar de mí; por eso ¡es mejor que dudes de tu padre! O empezarás a dudar del pobre Pablo, ¡que no tiene nada que ver con esto!
Sólo tu madre puede responderte. Ni siquiera tu padre puede hacerlo, porque hasta tu padre podría estar equivocado. Pregúntale a
tu madre.

Un joven fue a ver a su padre y le dijo:
—Papá, me gustaría casarme con Susi.
—No te cases con ella, hijo —dijo el anciano—. Cuando era joven
me iba de correrías y, bueno, tú ya sabes como es eso.
Una semana más tarde el muchacho volvió a ver a su padre y le
dijo:
—Papá, estoy enamorado de Mildred y quiero casarme con ella.
El anciano vendedor dijo:
—Ella es medio hermana tuya, hijo. No te puedes casar con ella.
—¿Qué tal Mabel? —preguntó el chico dos semanas más tarde.
—También es medio hermana tuya —dijo el padre.
El jovencito, que estaba ansioso por casarse, fue a quejarse a su
madre:
—Papá dice que no debo casarme con Susi, ni con Mildred ni con
Mabel, porque son medio hermanas mías. ¿Qué puedo hacer?
Mamá puso sus brazos alrededor del muchacho y le consoló:
—Te puedes casar con la que más te guste; ¡él no es tu padre!

Por eso es muy difícil saberlo a menos que tu madre sea honesta; nadie te puede dar una garantía.

Pero he oído hablar de una máquina que ha fabricado IBM. No sé si es verdad o no, pero puedes preguntar.

Una mujer, después de escuchar lo fantásticas que son las máquinas IBM, entra en una sala de ventas para echar un vistazo.

–Le puede preguntar lo que quiera a la máquina y le dará la respuesta correcta –explicó el vendedor.

La mujer escribe la pregunta:

–¿Dónde está mi padre? –y la introduce en la máquina.

Aparece la respuesta:

–Tu padre está pescando en la costa occidental de Florida.

–¡Ridículo! –exclama la mujer–, mi padre está muerto desde hace veinte años.

–La máquina nunca comete errores –proclama el vendedor–. Es sólo un malentendido. Reconstruya la frase y pregunte otra vez.

La mujer le pregunta a la máquina:

–¿Dónde está el marido de mi madre?

La máquina IBM responde:

–Lleva muerto veinte años, pero tu padre está pescando en la costa occidental de Florida.

Por favor, no me hagas a mí este tipo de preguntas, yo no soy una máquina IBM, ¡ni tampoco soy tu madre!

Meditación

LA MEDITACIÓN es el estado natural que hemos perdido. Es un Paraíso perdido, pero se puede recuperar. Mira en los ojos inocentes de un niño, mira y verás un silencio tremendo, una inocencia. Todos los niños nacen en un estado meditativo, pero son iniciados en las costumbres de la sociedad; hay que enseñarles a pensar, a calcular, a razonar, a discutir; hay que enseñarles palabras, el idioma, los conceptos. Y poco a poco pierdes contacto con su propia inocencia. Se han contaminado, han sido polucionados por la sociedad. Se vuelven mecanismos eficientes; ya no son hombres.

Lo único que se necesita es recuperar de nuevo ese espacio. Lo has conocido antes; por eso, cuando por primera vez conozcas la meditación, te sorprenderás, porque tendrás la sensación de que ya la conocías. Y ese sentimiento es verdadero: la has conocido antes. La has olvidado. El diamante se ha perdido entre montañas de basura. Pero puedes destaparlo, encontrarás de nuevo el diamante; te pertenece.

No se puede perder: sólo se puede olvidar. Nacemos meditadores, después aprendemos los caminos de la mente. Pero nuestra verdadera naturaleza permanece escondida en algún lugar como una corriente subterránea. Cualquier día excavas un poco y encuentras la fuente todavía manando, el manantial de aguas frescas. Y la alegría más grande de la vida es encontrarla.

Indudablemente, la meditación es para los místicos.
¿Por qué se la propones a las gentes corrientes y a sus
hijos?

Es para los místicos, sin duda, pero todo el mundo nace místico; porque todo el mundo lleva dentro de sí un gran misterio que tiene ser realizado, porque todo el mundo lleva una gran potencialidad que tiene que ser actualizada. Todo el mundo nace con un futuro. Todo el mundo tiene esperanza. ¿Qué entiendes tú por místico? Un místico es aquel que está tratando de realizar el misterio de la vida, que va caminando hacia lo desconocido, que está entrando en lo inexplorado, cuya vida es una aventura, una exploración.

Y todos los niños empiezan de ese modo: con respeto, con asombro, con una gran pregunta en su corazón. Todo niño es un místico. En algún punto de tu supuesto crecimiento pierdes el contacto con la posibilidad interna de ser un místico, y te conviertes en un hombre de negocios, en un empleado, en un funcionario o en un ministro. Te vuelves cualquier otra cosa. Y te empiezas a creer que eres eso. Y en cuanto te lo crees, así es.

Mi esfuerzo consiste en destruir las nociones equivocadas que tienes de ti mismo y liberar tu misticismo. La meditación es una manera de liberar tu misticismo y es igual para todo el mundo, sin ninguna excepción; no conoce excepciones.

Y los niños son los más capaces. Son místicos naturales. Antes de que sean destruidos por la sociedad, antes de que sean destruidos por otros robots, por otra gente corrupta, es mejor ayudarles a conocer algo de la meditación.

La meditación no es un condicionamiento porque la meditación no es un adoctrinamiento. La meditación no es darles ningún credo. Si le enseñas a un niño a ser cristiano, le tienes que dar una doctrina; le tienes que obligar a creer cosas que naturalmente parecen absurdas. Le tienes que decir al niño que Jesús nació de una madre virgen; eso es algo fundamental. Así, estás destruyendo la inteligencia natural del niño.

Pero si le enseñas a un niño meditación no lo estás adoctrinando. No le dices que tenga que creer en algo, simplemente le invitas a experimentar el no pensamiento. El no pensamiento no es una doctrina, es una experiencia. Y los niños son muy capaces porque están muy cercanos a la fuente. Todavía recuerdan algo de ese misterio. Acaban de llegar del otro mundo, no lo han olvidado completamente todavía. Antes o después lo olvidarán, pero la fragancia todavía está a su alrededor. Por eso todos los niños son tan bellos, tan agraciados. ¿Alguna vez has visto un niño feo?

Entonces, ¿qué les sucede a todos esos hermosos niños? ¿Dónde desaparecen? Más adelante en la vida es muy raro encontrar gente hermosa. Luego, ¿qué les sucede a todos esos hermosos niños? ¿Por qué se convierten en personas feas? ¿Qué accidente, qué calamidad sucede mientras tanto?

El día en que empiezan a perder su inteligencia empiezan a perder su gracia. Empiezan a perder su ritmo natural, su elegancia natural, y empiezan a aprender un comportamiento plástico. Dejan de reírse espontáneamente, dejan de llorar espontáneamente, dejan de bailar espontáneamente. Les has metido en una jaula, en una camisa de fuerza. Los has aprisionado.

Las cadenas son muy sutiles, no son ni siquiera visibles. Las cadenas son de pensamientos: cristiano, hindú, musulmán. Has encadenado al niño y no ve las cadenas, por eso no será capaz de ver que está encadenado. Y sufrirá toda su vida. Es tal el encarcelamiento. No es como meter a un hombre en la cárcel. Es crear una cárcel alrededor del hombre; por eso, dondequiera que vaya, la cárcel irá con él. Puede irse al Himalaya y sentarse en una cueva, pero seguirá siendo un hindú, seguirá siendo cristiano y seguirá teniendo pensamientos.

La meditación es un camino para ir dentro de nosotros mismos a una profundidad donde los pensamientos no existen, por eso no es una doctrina. No es enseñarte nada; de hecho, es sólo hacerte más consciente de tu capacidad interna de estar sin pensamientos, de estar sin mente. Y el mejor momento es cuando el niño está todavía sin corromper.

Me sucedió algo curioso cuando era una niña peque-
ña; quizá tenía once o doce años. Durante un recreo
en el colegio, mientras estaba en el lavabo, me miré en
el espejo para ver si tenía buen aspecto. Entonces, de
repente, me di cuenta de que estaba de pie a medio ca-
mino entre mi cuerpo y el espejo, observándome a mí
misma cómo miraba mi reflejo en el espejo. Me hizo
gracia ver los tres yoes, y pensé que esto debía de ser
un truco que se podía aprender. Por eso traté de ense-
ñárserlo a mi amiga y lo intenté yo mismo de nuevo
sin éxito. Sentí cómo mi ser esencial se había salido de
mi forma física. ¿Tiene algún valor entender qué le
ocurrió a aquella niña pequeña?

Les sucede a muchos niños, pero como la atmósfera alrededor
no apoya a la conciencia, esas experiencias no son apoyadas por los
padres, la escuela, los amigos, los profesores. Y si cuentas que te ha
sucedido a ti, la gente se reirá y tú mismo pensarás que algo ha ido
mal, que no era correcto.

Por ejemplo, a los niños de todas las culturas del mundo les
gusta dar vueltas. Y todos los padres les paran y les dicen: «Te vas
a caer.» Es verdad, existe una posibilidad de que se caigan. Pero no
se van a hacer mucho daño por caerse.

Pero ¿por qué a los niños les gusta dar vueltas? Mientras el cuerpo está girando, los niños pequeños pueden verlo girar. Dejan de estar identificados con el cuerpo, porque es una experiencia nueva.

Se identifican con todo; se identifican con caminar, se identifican con comer, se identifican con todo lo que hacen. Este dar vueltas es una experiencia tal que cuanto más rápido se mueve el cuerpo, más gira, menor es la posibilidad de permanecer identificado.

Pronto se quedan detrás; el cuerpo está girando pero su ser no
puede girar. Se detiene en un punto y comienza a ver su propio
cuerpo girando. Algunas veces, además, pueden salir del cuerpo. Si
el niño que gira no se queda en un sitio sino que sigue moviéndose –dando vueltas y moviéndose alrededor del lugar–, entonces su
ser esencial puede salir y observarlo.

Se debería apoyar tales actividades, fomentarlas, y habría que preguntarle al niño: «¿Qué estás experimentando?», y decirle: «Esta es una de las experiencias más grandes de la vida, así que no la olvides. Incluso si te caes, no hay peligro; no te puedes hacer mucho daño. Pero lo que puedes ganar no tiene precio.» Pero se les frena en esto y en muchas otras cosas.

Mi propia experiencia en mi infancia fue... el río inundado de mi ciudad; nadie solía cruzarlo a nado cuando estaba inundado. Era un río montañoso. Normalmente era pequeño, pero en la época de lluvias tenía más de un kilómetro de ancho. La corriente del agua era tremenda; no podías mantenerte en pie. Y el agua era profunda, así que, de todos modos, no hacías pie.

Me encantaba. Esperaba la estación de las lluvias porque siempre me ayudaba..., había un momento que sentía que me moría, porque estaba cansado y no podía ver la otra orilla, y las olas eran grandes y la corriente era fuerte..., no había modo de regresar, porque ahora la otra orilla estaba muy alejada. Quizá estaba en el medio; había la misma distancia de cada lado. Me sentía completamente cansado y el agua me tiraba para abajo con tanta fuerza que llegaba un momento en el que sentía: «No me quedan posibilidades de sobrevivir.» En ese momento, de repente me veía a mí mismo encima del agua y a mi cuerpo en el agua. Cuando me sucedió la primera vez, fue una experiencia aterradora. Creía que me había muerto. Había oído decir que, cuando mueres, el alma sale del cuerpo: «De modo que me he salido de mi cuerpo y estoy muerto.» Pero podía ver que el cuerpo seguía tratando de alcanzar la otra orilla, por eso seguí al cuerpo.

Esa fue la primera vez que me hice consciente de la conexión entre el ser esencial y el cuerpo. Está conectado justo por debajo del ombligo (cinco centímetros por debajo del ombligo) por algo parecido a un cordón plateado, una cuerda de plata. No es material, pero brilla como la plata. Cada vez que alcanzaba la otra orilla, en el momento que la alcanzaba mi ser volvía a entrar en el cuerpo. La primera vez fue aterrador; luego se convirtió en una gran diversión.

Cuando se lo conté a mis padres, me dijeron: «Algún día te ahogarás en ese río. Es una advertencia. Deja de meterte en el río cuando hay crecida.»

Pero yo dije: «Lo disfruto tanto…, la libertad, sin fuerza de gravedad y poder ver tu propio cuerpo totalmente separado.»

Lo que te sucedió fue totalmente accidental. Si hubieras persistido, hubiera vuelto a suceder.

Pero estuvo bien…, les sucede a muchos niños, pero nadie persiste. Por eso de vez en cuando sucede, y luego uno lo olvida, o uno se cree que quizá lo imaginó, quizá sucedió algo, una fantasía, un sueño. Pero es una realidad. Tú te saliste de ti misma y lo que viste es una especie de conciencia fuera del cuerpo.

¿Cuál es el modo más sencillo de que los niños empiecen a meditar?

Los niños pueden entrar en la meditación muy fácilmente; sólo tienes que saber cómo enseñarles el camino. No les puedes coaccionar; eso es imposible. No se le puede obligar a nadie jamás a meditar, porque obligar es violencia. ¿Cómo se le puede obligar a alguien a meditar? Sucede cuando sucede. Pero puedes persuadir.

Al niño sólo le puedes invitar con profundo respeto. Baila con él, canta con él, siéntate en silencio con él. Poco a poco él comenzará a absorberlo. Poco a poco comenzará a disfrutar del juego. Para él no puede ser un trabajo. No puede ser una cosa seria, no debe serlo para nadie. Sólo puede ser un juego. Por eso, ayúdale a jugar a la meditación. Deja que sea un juego. Haz que con él sea un juego, y poco a poco empezará a gustarle. Empezará a preguntarte: «¿Cuándo vamos a jugar a la meditación?» Y una vez que empiece a aprender cómo es estar en silencio, la meditación habrá empezado a funcionar en él, y un día verás que está meditando más profundamente de lo que nunca te habías esperado. Por eso tienes que crear una atmósfera meditativa.

Y mi opinión es que si los adultos son un poco más meditativos, los niños absorberán el espíritu muy fácilmente. Son muy sensibles. Aprenden todo lo que está en la atmósfera; aprenden a conocer la vibración.

Ellos nunca se preocupan de lo que dices. Siempre respetan lo que eres. Y tienen una percepción muy profunda, una claridad, una intuición.

Ámalo y permítele ser un poco meditativo, y las posibilidades son muy grandes.

La sociedad se puede transformar totalmente si los niños pequeños empiezan a meditar. No son serios, y por eso están preparados para la meditación. Son alegres, juguetones. Se lo toman todo a broma. A veces, cuando le digo a un niño: «Cierra los ojos», él los cierra y disfruta como nadie. Sólo la idea de que se le haya tomado tan en serio le hace disfrutar. Se sienta en silencio. Algunas veces he visto a los adultos mirando, abriendo un poco los ojos para ver qué está pasando. Pero los niños pequeños, cuando cierran los ojos, los cierran de verdad. Los cierran con fuerza porque les da miedo que se abran si no los cierran con fuerza. Los cierran muy fuerte. Ponen toda su energía porque saben que si no lo hacen totalmente, los ojos se abrirán y·empezarán a mirar para ver de qué se trata, qué está pasando. Les he visto cerrando los ojos de verdad. Y ver a un niño sentado en silencio es una de las cosas más bellas que te puedes encontrar.

A los niños se les puede enseñar meditación más fácilmente porque todavía no están echados a perder. Cuando has sido echado a perder, lo difícil es enseñarte a desaprender.

He oído contar que siempre que alguien iba a aprender con Mozart, el gran compositor y músico, éste preguntaba: «¿Ha estudiado usted música antes?» Si le contestaba que sí, entonces pedía paga doble. Si no había estudiado nada de música, entonces decía: «Está bien. Incluso la mitad de la paga bastará.»

La gente se quedaba asombrada porque esto era ilógico: «Cuando viene un hombre nuevo, que no sabe nada de música, le dices media paga, y cuando viene alguien que ha estado estudiando durante diez años, le dices paga doble.» Mozart dijo: «Hay una razón. Primero tengo que borrar lo escrito. Ese es el trabajo duro. Destruir todo lo que la persona está cargando es más difícil que enseñar.»

Si estás abierto, enseñar es muy fácil. Con un corazón virgen es muy sencillo enseñar, y un niño es un corazón virgen.

Tengo doce años. ¿Puedo empezar a meditar?

Esta es la edad correcta para empezar a meditar, justo cuando te estás acercando a tu catorce cumpleaños. Tienes doce; estos dos años serán de inmenso valor para ti. Cada siete años la mente cambia. Los catorce será un año de un gran cambio; por eso, si uno está listo pueden suceder muchas cosas; si uno no está listo se pierde el cambio. Y todo lo hermoso sucede siempre cuando estás pasando por un período de cambio.

Por eso empieza a meditar. Y por meditación quiero decir que, siempre que estés sentado en silencio, empieza a balancearte justo como estabas haciéndolo ahora. Siéntete como un árbol y oscila. Y mientras oscilas y te sientes como un árbol, desaparecerás como ser humano, y ese desaparecer es meditación. Hay mil y una maneras de desaparecer. Te estoy dando la más simple, una que puedes hacer muy fácilmente. Baila, y desaparece en el baile; gira, y desaparece en el giro. Haz *footing,* corre, y desaparece en el correr: deja que el *footing* esté allí y olvídate de ti mismo. Ese olvidarse es meditación, y a esta edad esto es posible.

Hay diferentes puertas para la meditación que se harán factibles más adelante, pero, para un niño, olvidarse es meditación. Así que olvídate de ti mismo en la situación que quieras y verás que la meditación viene a ti.

Los niños pueden entrar en la meditación a través del baile muy fácilmente, porque el baile no es antinatural, artificial; el hombre nace con la facultad de bailar. El cuerpo está sufriéndolo mucho porque hemos dejado de bailar naturalmente. Hay algunas cosas que sólo pueden ocurrir a través del baile: fluir sólo es posible a través del baile. Por eso ayuda a tu hijo a participar en las meditaciones con baile. Si puede meterse en el baile, la meditación sucederá espontáneamente.

A veces, en la escuela a mis alumnos les gusta hacer ruido y correr y no quiero seguir obligándoles a quedarse quietos y a guardar silencio

Haz una cosa: cada día, por lo menos dos veces, dales quince o veinte minutos para perder los estribos, para volverse completamente locos y hacer todo lo que quieran; saltar, gritar y chillar..., sólo veinte minutos, por la mañana, antes de que empiece tu clase. Participa tú también, entonces lo disfrutarán mucho; grita también, salta, participa, entonces se meterán de verdad. En el momento que ven que su profesor se mete, empiezan a disfrutar de todo el asunto. Basta con quince minutos. Diles que sean tan ruidosos como puedan y que hagan todo lo que quieran. Entonces diles que paren y guarden silencio durante cinco minutos; esto será para ellos una gran meditación.

Y si notas que funciona, entonces por la tarde, antes de que se vayan, hazlo otra vez. Y en dos o tres meses verás el cambio que sucede en los niños..., increíble.

Su energía reprimida debe de ser liberada. De hecho, tienen tanta energía y les estamos obligando a sentarse; algo que no pueden hacer, ¡por eso están a punto de explotar! En cuanto encuentran una oportunidad empiezan a hacer travesuras. Permíteselo. Será una gran ayuda, y verás: su inteligencia mejorará, su concentración mejorará, su capacidad para atender mejorará, su comprensión será mayor, porque dejarán de estar sobrecargados. Su amor y su respeto aumentarán tremendamente y entonces te escucharán, y no tendrás necesidad de obligarles: con sólo decirlo será suficiente.

Les puedes decir: «¡Esperad! El tiempo que tenéis para hacer travesuras va a llegar pronto. Esperaros una hora más!» Entenderán que no se lo estás prohibiendo para siempre. Pronto aprenderán la regla: que hay momentos en los que pueden ser traviesos, ruidosos y hacer lo que quieran, y por supuesto que hay momentos para leer y estudiar.

Si surge algún problema con las autoridades de la escuela, habla con ellos, y poco a poco explícaselo. Les ayudará mucho también a ellos; ayudará también a las otras clases. Diles que es un experimento, y que te permitan hacerlo durante seis meses. Entonces ellos pueden venir y ver lo que les ha sucedido a los niños: si tienen mejores notas, si su inteligencia ha aumentado, si su entendimiento ha profundizado. Diles que observen, y si les parece que es bueno, esto se puede convertir en algo para toda la escuela. Se puede reunir a toda la escuela durante veinte minutos, dos veces al día, y será una gran fiesta.

Meditaciones

Meditación nataraj

E L NATARAJ es usar el baile como una meditación total. Tiene tres etapas con una duración total de 65 minutos. Olvídate del que está bailando, del centro del ego. Hazte uno con la danza. Eso es la meditación. Baila tan profundamente que te olvides completamente de que estás bailando, y comienza a sentir que eres el baile. La división debe desaparecer. Entonces se convierte en meditación. Si la división persiste, entonces sólo es un ejercicio: bueno, saludable, pero no se puede decir que sea espiritual. Es simplemente un baile. El baile es bueno en sí mismo. Mientras bailas, está bien. Después de bailar, te sentirás renovado, rejuvenecido. Pero todavía no es meditación. El bailarín debe desaparecer, hasta que sólo quede el baile.

Sé total cuando bailes, porque la división sólo puede existir si no eres total. Si te quedas a un lado mirando tu propia danza, la división permanecerá: tú eres el bailarín y estás bailando. El baile es sólo un acto, algo que estás haciendo. No es tu ser. Por eso implícate totalmente; sumérgete. No te quedes a un lado, no seas un observador. ¡Participa!

Deja que el baile fluya espontáneamente; no lo fuerces. Mejor, síguelo; permite que suceda. No es algo que tú hagas, es un suceder. Mantén una actitud festiva. No estás haciendo nada serio; sólo estás jugando, jugando con tu energía vital, jugando con tu bioenergía, dejando que se mueva espontáneamente. Al igual que el viento sopla y que el río fluye, tú estás fluyendo y volando. Siéntelo.

Primera etapa: 40 minutos.
Con los ojos cerrados, baila como un poseso. Deja que tu inconsciente te posea completamente. No controles tus movimientos
ni seas testigo de lo que está ocurriendo. Sólo sé total en el baile.

Segunda etapa: 20 minutos.
Manteniendo los ojos cerrados, túmbate inmediatamente. Permanece callado e inmóvil.

Tercera etapa: 5 minutos.
Baila en celebración y disfruta.

Meditación del parloteo

Es una técnica catártica, que propicia movimientos expresivos
del cuerpo.

Solo, o en grupo, cierra los ojos y empieza a emitir sonidos sin
sentido; parloteo. La palabra *gibberish* [10] proviene del místico sufí
Jabbar. Jabbar nunca habló ningún idioma, sólo pronunció disparates. A pesar de eso tenía miles de discípulos porque lo que estaba diciendo era: «Tu mente no es otra cosa que parloteo. Déjala a
un lado y podrás conocer el sabor de tu ser.»

Para parlotear, no digas palabras que tengan significado, no
uses un idioma que conozcas. Si no lo conoces, utiliza el chino. Si
no sabes japonés, utiliza el japonés. No uses el alemán si lo conoces. Por primera vez tómate la libertad, la misma que tienen todos
los pájaros. Expresa todo lo que te venga a la mente sin importar-
te que sea racional, que sea razonable, que tenga significado, que
tenga importancia; tal como hacen los pájaros.

---

[10] Parloteo. *(N. del T.)*

Primera etapa: 15 minutos.

Entra totalmente en el parloteo. Haz todos los sonidos que quieras, pero no utilices ningún idioma. Expresa todo lo que tengas en tu interior. Lánzalo fuera. Enloquece con total conciencia, de modo que te puedas convertir en el centro del ciclón.

La mente piensa siempre en términos de palabras. El parloteo te ayudará a romper ese patrón de continua verbalización. Sin reprimir tus pensamientos, los puede lanzar fuera con el parloteo. Deja que tu cuerpo se exprese como quiera.

Segunda etapa: 15 minutos.

Túmbate sobre tu vientre y siente como si te estuvieras fundiendo con la madre tierra. Con cada exhalación, siente cómo te fundes con el suelo debajo de ti.

Meditación del volver a nacer

Esta meditación dura dos horas al día durante siete días, y puede hacerse solo o en grupo.

Sé juguetón. Será complicado, porque estás muy estructurado. Llevas una armadura a tu alrededor y te costará aflojarla, relajarla.

Pon a un lado el conocimiento, pon a un lado tu seriedad; sé absolutamente lúdico durante estos días. No tienes nada que perder. Si no consigues nada, tampoco perderás nada. ¿Qué puedes perder por ser lúdico? Pero yo te digo que nunca volverás a ser el mismo.

Durante estos días quiero lanzarte de regreso al momento en que empezaste a ser «bueno» en vez de ser natural. Sé juguetón de modo que tu infancia pueda ser recuperada. Será difícil porque tendrás que poner a un lado tus máscaras, tus rostros; tendrás que poner a un lado tu personalidad. Pero recuerda, la esencia se puede afianzar a sí misma sólo cuando no está tu personalidad, porque tu personalidad se ha convertido en una prisión. Ponla a un lado.

Recupera tu infancia. Todo el mundo aspira a ello pero nadie hace nada por recuperarla. ¡Todo el mundo aspira! Las gentes siguen diciendo que la infancia es el Paraíso, y los poetas siguen escribiendo poemas sobre la belleza de la infancia. ¿Quién te está impidiendo que la recuperes? Yo te doy esta oportunidad para recuperarla.

Primera etapa: una hora.

Compórtate como un niño. Entra en tu infancia. Haz todo lo que te apetecía hacer: bailar, cantar, saltar, llorar, gemir, todo y en cualquier postura. No hay nada prohibido excepto tocar e interferir a los demás.

Segunda etapa: una hora.

Siéntate silenciosamente en meditación. Estarás más fresco, más inocente, y la meditación será más fácil.

Meditación para niños hasta los doce años

Esta es una meditación para los niños y sus profesores, para hacerla juntos al comienzo de cada día de clase. Pero no se debe hacer de un modo compulsivo.

Primera etapa.

Cinco minutos de parloteo. Se le debe dar total libertad al niño para que grite, chille y exprese sus sentimientos.

Segunda etapa.

Cinco minutos riendo. Se les debe permitir reír totalmente. Con esto, sus mentes serán más puras y más frescas.

Tercera etapa.

Después del parloteo y la risa deben tumbarse durante cinco minutos; quietos y en silencio como si estuvieran muertos; sólo va y viene la respiración.

Meditación para niños de más de doce años

Posteriormente, Osho ha añadido una etapa más para los adolescentes, introduciendo un período de cinco minutos para llorar, después de la risa y antes del silencio, para niños de más de doce años.

5 minutos parloteo.
5 minutos risa.
5 minutos llanto.
5 minutos tumbados como muertos.

Regresando al seno materno

Antes de irte a dormir siéntate en la cama; siéntate de un modo relajado y cierra los ojos. Siente cómo se relaja el cuerpo…. Si el cuerpo empieza a inclinarse hacia adelante, permíteselo; podría inclinarse hacia adelante. Puede que le guste adoptar una postura fetal, igual que cuando un niño está en el vientre de su madre. Si lo sientes así, adopta una postura fetal, vuélvete un bebé en el vientre materno.

Después escucha tu respiración, nada más. Escucha cómo entra en la inspiración, cómo sale en la espiración. No estoy diciendo que lo digas, sólo siente cómo entra; cuando está saliendo, siente cómo sale. Y en esa sensación sientes cómo surge un tremendo silencio y claridad.

Esto sólo dura diez o veinte minutos –mínimo diez, máximo veinte–, luego vete a dormir.

Sintiendo el silencio en el seno materno

Deja que el silencio se convierta en tu meditación. Siempre que tengas tiempo, desplómate en silencio –y es exactamente lo que quiero decir: desplómate– como si fueras un bebé en el vientre de su madre. Siéntate de esta manera y poco a poco empezarás a sentir que quieres poner la cabeza en el suelo. Entonces coloca la cabeza en el suelo. Adopta la postura fetal, como el niño que permanece enroscado en el vientre de la madre, e inmediatamente sentirás cómo llega el silencio, el mismo silencio que había en el vientre materno. Sentado en tu cama, métete debajo de la sábana, enróscate y permanece allí totalmente quieto, sin hacer nada.

Surgirán algunos pensamientos, déjalos que pasen. Sé indiferente, no te preocupes en absoluto: si llegan, bien; si no llegan, bien. No luches, no intentes alejarlos. Si luchas, te alterarás; si los apartas, te estarás empeñando; si no los quieres, se pondrán cabezones y no se irán. Permanece sencillamente sin que te conciernan, déjalos estar en la periferia como si fueran el ruido del tráfico. Y en realidad es el ruido del tráfico, el tráfico del cerebro, millones de células comunicándose entre sí, la energía moviéndose y la electricidad saltando de una célula a otra. Es el zumbido de una gran máquina, por eso déjalo estar.

Te vuelves completamente indiferente, no te concierne, no es tu problema; quizá el de otra persona, pero no el tuyo. ¿Qué tiene que ver contigo? Y te sorprenderás: habrá momentos en los que el ruido desaparecerá, y te dejará solo.

Yendo de lo negativo a lo positivo

La negatividad es muy natural. No debería ser así, pero lo es, porque todos los niños pasan a través de momentos negativos.

Cuando se le educa, todo el mundo le está diciendo qué hacer y qué no hacer, como si no fuera nadie. Es un ser pequeño y diminuto en un mundo de gigantes, y todo el mundo está tratando de manipularle. En el fondo sigue diciendo: «No, no, no.» En el exterior tiene que decir: «Sí, sí, sí.» Se convierte en un hipócrita.

De modo que prueba este método cada noche durante sesenta minutos. Durante cuarenta minutos sé totalmente negativo, todo lo que puedas. Cierra las puertas, coloca almohadones alrededor de la habitación. Desconecta el teléfono y dile a todo el mundo que no te molesten durante una hora. Coloca un aviso en tu puerta diciendo que durante una hora te dejen completamente solo. Baja la luz todo lo que puedas. Pon una música tenebrosa, y hazte el muerto. Siéntate allí y siéntete negativo. Repite «no» como si fuera un mantra.

Imagínate escenas del pasado –cuando estabas apagado y como muerto, y te querías suicidar, y no tenías ganas de vivir– y exagéralas. Recrea la situación completa a tu alrededor. La mente te distraerá. Te dirá: «¿Qué estás haciendo? Hace una noche tan hermosa y hay luna llena.» No escuches a la mente. Dile que puede volver más tarde, pero que este tiempo lo estás dedicando completamente a la negatividad. Sé negativo religiosamente, ¿mm? Llora, gime, grita, chilla, blasfema, haz todo lo que quieras, pero recuerda una cosa: no estés alegre (risas). No te permitas ni una alegría. Si te sorprendes a ti mismo, ¡inmediatamente date un cachete! Hazte regresar a la negatividad y empieza a golpear los almohadones, lucha con ellos, salta. ¡Sé malo! Y te darás cuenta que es muy difícil ser negativo durante cuarenta minutos.

Esta es una de las leyes básicas de la mente: todo lo que hagas conscientemente, no puedes hacerlo. Pero hazlo, y cuando lo hagas conscientemente, sentirás una separación. Lo estás haciendo pero sigues siendo un testigo; no estás perdido en la acción. Aparece una distancia, y esa distancia es muy hermosa. Pero no te estoy diciendo que crees la distancia. Es un derivado ; no necesitas preocuparte por eso. Después de cuarenta minutos sal de golpe de la negatividad. Saca las almohadas, enciende las luces, pon una música bonita y baila durante veinte minutos. Di sencillamente:

«¡Sí!, ¡sí!, ¡sí!» Deja que sea tu mantra. Y luego date una buena ducha. Te arrancará toda la negatividad, y te dará un nuevo atisbo del decir sí.

Esto te limpiará por completo. Una vez que se han retirado las rocas volverás a fluir.

Meditación de la risa

Prueba esta meditación, de diez a cuarenta minutos por la noche antes de acostarte, y por la mañana. Sentado en silencio crea una risilla en tu ser, como si todo el cuerpo se estuviera divirtiendo, riéndose. Empieza a balancearte con la risa, deja que se extienda por manos y pies. Si te da un ataque de risa, permítelo; si llega suavemente, permítelo. Deja que todo tu cuerpo se implique, no sólo los labios y la garganta, sino subiendo desde la planta de tus pies y luego moviendo tu vientre.

Visualízate como un niño pequeño. Si así te lo parece, empieza a rodar por el suelo. El ruido no es tan importante como la implicación. No permanezcas rígido, relájate, coopera. Si exageras un poco al principio, te ayudará.

Después, túmbate en la tierra o en el suelo, boca abajo. Haz contacto con la tierra, siente que la tierra es tu madre y que tú eres su hijo, disuélvete en esta sensación. Respira con la tierra, siéntete uno con ella. Venimos de la tierra y un día volveremos a ella.

Después de este momento de contacto con la tierra, tu baile tendrá una cualidad diferente.

Esto, por la noche antes de dormir. Bastará con diez minutos y luego duerme. De nuevo por la mañana, lo primero; lo puedes hacer en la cama. Así que la última cosa por la noche y la primera por la mañana. La risa de la noche otorgará una dirección a tu sueño. Tus sueños serán más alegres, divertidísimos, y ayudarán a tu risa de la mañana; crearán el decorado. La risa de la mañana otorgará dirección a todo tu día. Siempre que tengas una oportunidad durante el día, no te la pierdas, ríete.

Relajando la tensión en la cara

Cada noche, antes de irte a dormir, siéntate en tu cama y empieza a poner caras, justo como hacen los niños. Pon todo tipo de caras, de bueno, malo, feo, hermoso, de modo que toda la cara y su musculatura empiecen a moverse. Haz sonidos, sonidos disparatados, y balancéate durante diez o quince minutos y luego vete a dormir. Por la mañana, antes de ducharte, colócate de nuevo delante del espejo y durante diez minutos pon caras. El estar delante del espejo te ayudará: serás capaz de ver y serás capaz de responder.

En tu infancia has controlado demasiado tu cara. Has reprimido todo tipo de emociones. Has hecho que tu cara sea inexpresiva; a través de tu cara nadie puede adivinar tus sentimientos.

Por eso por la noche, durante diez minutos, pon caras, haz sonidos y disfruta igual que un niño pequeño, y también por la mañana delante del espejo, de modo que te conviertas en un experto. En tres o cuatro meses la tensión en la cara habrá desaparecido completamente.

Yendo de la cabeza al corazón

Cambia de pensar a sentir. Y la mejor manera es empezar a respirar desde el corazón. Durante el día, siempre que te acuerdes, inhala profundamente; siente cómo te golpea justo en el medio del pecho. Siente cómo toda la existencia está entrando a raudales en ti, en tu corazón, exactamente en el medio, ni a la izquierda ni a la derecha…, exactamente en el medio. Ahí es donde está tu centro del corazón.

No tiene nada que ver con el corazón físico. Es algo totalmente diferente; pertenece al cuerpo sutil.

Respira profundamente y, siempre que lo hagas, hazlo por lo menos cinco veces, una respiración profunda; inspira, llena el corazón. Siente que está en el medio, que la existencia se está vertiendo a raudales en ti a través del corazón: vitalidad, vida, divinidad, naturaleza…, vertiéndolo todo.

Y entonces exhala profundamente, otra vez desde el corazón, y siente que estás vertiendo nuevamente, a la existencia, todo lo que se te ha dado. Hazlo muchas veces al día.

Y te volverás cada vez más sensible, más consciente de muchas cosas. Olerás más, saborearás más las cosas, tocarás más, verás más, oirás más; todo se volverá más intenso. Empezarás a sentir la vida latiendo de verdad en tu interior.

Relajación

Observa a un niño; está relajado, está en un dejarse ir. Y no necesita mucha sabiduría para relajarse; es un arte sencillo, porque tú ya lo conocías cuando naciste; ya está ahí, sólo hay que activarlo desde su posición latente. Tiene que ser provocado.

Los métodos de meditación no son otra cosa que métodos para ayudarte a recordar el arte del dejarse ir. Hay que recordar principios simples: el cuerpo debe de ser el comienzo. Tumbado en tu cama, antes de que te invada el sueño, empieza a observar con los ojos cerrados la energía desde tus pies. Empieza desde allí; observa en tu interior: ¿hay tensión en alguna parte?, ¿en las piernas, en las caderas, en el estómago?, ¿hay algún nudo, alguna tensión? Si encuentras alguna tensión en algún lugar, trata de relajarla. Y no te muevas de ese punto hasta que sientas que se ha relajado. Ve a través de las manos, porque las manos son tu mente; están conectadas con tu mente. Si tu mano derecha está tensa, el lado izquierdo de tu cerebro estará tenso. Si tu mano izquierda está tensa, el lado derecho de tu cerebro estará tenso. De modo que ve a través de las manos –son casi como las ramas de tu mente– y alcanza finalmente la mente.

Cuando todo el cuerpo está relajado, el 90 por 100 de la mente ya está relajado, porque el cuerpo no es sino una extensión de la mente. Entonces observa el 10 por 100 de tensión que hay en tu mente…, y con sólo observarlo las nubes desaparecerán. Te llevará unos días; es un truco. Y reavivará la experiencia de tu juventud, cuando estabas tan relajado.

En unos días serás capaz de aprender el truco. Y una vez que conoces el secreto –nadie te lo puede enseñar, tendrás que buscar dentro de tu propio cuerpo–, entonces te podrás relajar incluso durante el día, en cualquier momento. Y ser un maestro de la relajación es una de las experiencias más hermosas en el mundo. Es el comienzo de un gran viaje hacia la espiritualidad, porque cuando te estás dejando ir completamente, dejas de ser un cuerpo.

Si todo tu cuerpo está relajado, sencillamente te olvidas de que eres un cuerpo. Y este olvidarse del cuerpo es el recordar de un nuevo fenómeno que está oculto en el interior del cuerpo: tu ser espiritual.

Dejarse ir es la manera de conocer que no eres el cuerpo, sino algo eterno, inmortal.

Fíjate dónde puedes encontrar alguna experiencia natural de dejarse ir, en tu vida. Hay momentos que estás nadando. Si eres un buen nadador sabrás cómo hacer para flotar sin nadar, y encontrarás un dejarse ir tremendo; simplemente fluyendo con el río, sin hacer ni siquiera un movimiento en contra de la corriente, haciéndote parte de la corriente.

Tienes que reunir experiencias de dejarse ir de varias fuentes, y pronto tendrás el secreto en tus manos.

El Paraíso recuperado

Muchas veces, sentado en tu presencia me siento rebosado con la sensación de ser un niño. Me parece algo muy familiar, pero a la vez de hace mucho tiempo. ¿Tiene importancia?

ESTE gran experimento a través del cual estás yendo aquí es básicamente para alcanzar de nuevo tu infancia perdida.

Cuando digo: «Tu infancia perdida», quiero decir tu inocencia, tus ojos llenos de asombro, sin saber nada, sin tener nada, pero a la vez sintiéndote a ti mismo en la cima del mundo. Esos momentos dorados de asombro, de alegría, de ninguna tensión, de ninguna preocupación, de ninguna ansiedad, tienen que ser recuperados, redescubiertos.

Por supuesto, la segunda infancia es mucho más valiosa e importante que la primera. En la primera, la inocencia se debía a la ignorancia, de modo que no era pura y clara, algo que te hubieras ganado; fue algo natural que le sucede a toda infancia. La segunda infancia es tu triunfo más grande; no le sucede a todo el mundo. La segunda infancia te hace inocente sin ignorancia, la segunda infancia llega a través de todo tipo de experiencias. Es desarrollada, centrada, madura.

Deberías de sentirte bendecido por esta experiencia. La segunda infancia es exactamente el significado existencial de la meditación, y a partir de ahí es el gran peregrinaje de regresar a casa, a esa casa que nunca has dejado realmente, que es imposible abandonar, porque eres tú. Dondequiera que vayas, te encontrarás allí.

Sólo hay un ser esencial en ti que estará contigo en cualquier lugar, sin ninguna condición. Incluso si estás en el infierno, no importa, estará contigo; si estás en el cielo no importa, estará contigo.

Encontrar el centro esencial de tu ser es, por una parte, total inocencia, y por la otra es la sabiduría más grande que nunca ha existido sobre la tierra.

Tu cuerpo puede que envejezca, pero si tú estás aprendiendo los modos de ser silencioso, pacífico, meditativo y amoroso, no envejecerás. Permanecerás tan joven y tan fresco como las primeras gotas del rocío brillando en la belleza del amanecer, mucho más valiosas que ninguna perla.

Deberías estar contento y disfrutar de tu infancia. Esto es lo que Jesús quería decir cuando repetía una y otra vez: «A menos que volváis a nacer…» Ni siquiera los cristianos han entendido el significado de esa afirmación. Se creen literalmente que «a menos que volváis a nacer» significa que primero tienes que morir y entonces resucitar, y en el día del juicio Jesús te llevará al Paraíso. Eso no es lo que él quería decir.

Lo que está diciendo es: a menos que mueras en este momento a la personalidad y emerjas como una inocente individualidad, sin marcas, sin contaminar por la sociedad y las gentes… Este es tu renacimiento, esta es tu resurrección.

–No quiero que tu hijo Ernesto se vuelva a bañar en nuestra piscina –dijo la señora Meyer a su vecina la señora Jones.

–¿Pero qué ha hecho mi pobre Ernestito? –preguntó la señora Jones.

–Está constantemente haciendo pis en la piscina –dijo la señora Meyer, enfadada.

–No seas tan dura con él –respondió la señora Jones–, ¡todos los niños de su edad lo hacen!

–Quizá lo hagan –dijo la señora Meyer–, pero no desde el trampolín.

La infancia tiene su belleza porque no conoce la etiqueta, las maneras y toda esa basura. Es tan simple, tan inocente y espontánea.

Un hombre entró en un bar y se quedó sorprendido al ver un perro sentado a la mesa con tres hombres jugando al póquer. El hombre se acercó y preguntó:

–¿Puede el perro realmente leer sus cartas?

–Seguro que puede –dijo uno de los hombres–. Pero no es un buen jugador. ¡Siempre que tiene una buena mano mueve el rabo!

Eso es totalmente inocente..., el pobre perro no puede contener su alegría.

Dos cucarachas estaban masticando delicias encima de un montón de basura cuando una de ellas empezó a hablar sobre los nuevos inquilinos de unos apartamentos cercanos.

–He oído –dijo– que su nevera no tiene ni una mancha, los suelos brillan y no hay ni una mota de polvo en toda la casa.

–Por favor, por favor –dijo la otra cucaracha–, ¡no mientras estoy comiendo!

¡Qué malas noticias!

El día en el que empecemos a aprender el lenguaje de los pájaros, de las abejas, de las cucarachas será una tremenda revolución. Todos ellos tienen sus maneras de comunicarse. Pero entonces el corazón siente una pequeña tristeza, porque ni siquiera hemos sido capaces de aprender a comunicarnos con los seres humanos, y llevamos aquí millones de años. ¿Qué tipo de estupidez es ésta que no reconocemos que nos pertenece el resto de la humanidad, y que nosotros también le pertenecemos? Todo lo que el hombre ha hecho no ha sido más que carnicerías, asesinatos, guerra. Esa misma energía, ese mismo esfuerzo habría hecho de este mundo el milagro más grande de todo el Universo.

Pero no nos entendemos unos a otros. Podríamos estar hablando el mismo idioma, pero no se espera que necesariamente nos entendamos; lo que se espera es el malentendido. Por eso las gentes se esconden unos de otros, esconden su infancia, esconden su inocencia, se protegen de todo el mundo con medidas de seguridad; de otro modo verías niños, jóvenes y ancianos todos juntos jugando en este jardín terrenal, disfrutando, riéndose, divirtiéndose. ¿Por qué esta seriedad? El hombre no ha ganado nada con esta seriedad; sencillamente lo ha perdido todo, pero sigue estando serio.

Estoy absolutamente en contra de la seriedad.

Lo llamo enfermedad psicológica.

Sólo un comportamiento lúdico, infantil, inocente es el correcto; es lo que me gustaría llamar comportamiento virtuoso, religioso, espiritual…, no sólo humano, sino divino.

En el momento en que eres tan inocente como un niño has trascendido la humanidad, has entrado en el mundo de lo divino.

Nunca fui de verdad un niño cuando me tocaba, pero estos últimos días a menudo me siento como un niño pequeño

Ese es el milagro, ¡el auténtico milagro! Volver a sentirse como un niño es una gran conversión. Permítelo…, no te avergüences. Pon a un lado tu edad y tu mente. Si puedes, de repente sentirás cómo una nueva energía surge en tu cuerpo. Tu edad se reducirá por lo menos veinte años. Inmediatamente te puedes volver más joven y puedes vivir más años. Por eso permítelo; es hermoso.

Uno tiene que volverse nuevamente un niño, y entonces la vida se completa. En la infancia empezamos y en la infancia terminamos. Si uno muere sin convertirse en un niño, el círculo de su vida queda incompleto. Tendrá que nacer de nuevo.

Esa es la idea oriental del renacimiento. Si puedes renacer –renacer en esta vida–, no hace falta que vuelvas a nacer. Si realmente puedes convertirte en un niño en este cuerpo, no hay necesidad de que renazcas de nuevo en el mundo. Puedes vivir en el corazón de la existencia. No hay necesidad de regresar. Has aprendido la lección y completado el círculo.

Todo mi esfuerzo aquí consiste en ayudarte a ser nuevamente un niño. Es complicado, es muy difícil porque toda tu experiencia, todo el patrón, todo tu carácter se resisten y dicen: «¿Qué estás haciendo? ¡Nos parece una tontería!» Pero sé un tonto y déjale espacio. Te sentirás tan liberado, tan nuevo. Permítelo. Es algo muy importante, pero lo puedes perder. Si no lo apoyas, se puede perder fácilmente porque toda tu personalidad estará en contra. Tendrás que abrirle conscientemente un camino, para permitirlo. Todo tu pasado estará allí como una roca, y este nuevo fenómeno será como el agua que gotea, un arroyo que puede convertirse en un río si lo ayudas; de lo contrario, la roca es demasiado grande. Pero en última instancia, si uno continúa ayudando, cuanto más suave, más acuoso, más fuerte seas, más desaparecerán las rocas.

A largo plazo, la roca siempre es derrotada por el agua. El anciano siempre es derrotado por el niño. La muerte siempre es derrotada por la vida. Uno debería recordar esto, y siempre ayudar a las cosas más suaves, más jóvenes y frescas.

Hazte amigo de los niños y síguelos. Todo lo que hagan ellos, hazlo tú. Lo disfrutarán. Los niños son muy receptivos y siempre entienden. Entenderán inmediatamente que tienes aspecto de viejo pero que no lo eres. Mézclate con los niños y olvídate de los adultos.

Siempre es bueno ir a dar un paseo con un niño de dos o tres años y comunicarte con él, ver lo que está haciendo, ver cómo camina y cómo se interesa por todo. Una mariposa, una flor o un perro ladrando, y el niño se implica con cada momento totalmente. Sólo el niño sabe cómo vivir, o, si te vuelves otra vez un niño, tú sabes cómo vivir. En medio sólo hay sufrimiento e infierno.

Mantén la actitud de un niño de tres años. Deja que sea tu realidad y que tu edad cronológica sea sólo un fenómeno social, sólo una fachada. Sé un adulto sólo externamente; en tu interior sigue siendo un niño. Y cuando estés solo, deja toda tu adultez; no hace falta. Compórtate como un niño. Y estaría bien que jugases con niños pequeños.

Llévatelos a dar un paseo a la orilla del mar o a cualquier lugar, a un parque, y compórtate como ellos; no les obligues a comportarse como tú. Síguelos y verás cómo surgen nuevas intuiciones en ti.

A veces te dará miedo sentirte como un niño, porque entonces te vuelves tan vulnerable, tan abierto que todo el mundo te puede hacer daño. Vuelves a ser impotente..., pero esa impotencia es hermosa. Ser vulnerable es hermoso; que te hieran algunas veces es hermoso. Para evitar estas heridas nos endurecemos, nos sale una costra, como de acero, una armadura. Es segura pero está muerta.

¡Estás en un espacio muy hermoso! Sigue ahí, y sigue invitándolo una y otra vez.

Siempre que tengas la oportunidad, vuelve a ser un niño. En el cuarto de baño, sentado en la bañera, vuelve a ser un niño. ¡Ten todos tus juguetes a tu alrededor!

Acerca del autor

Resulta difícil clasificar las enseñanzas de Osho, que abarcan desde la búsqueda individual hasta los asuntos sociales y políticos más urgentes de la sociedad actual. Sus libros no han sido escritos, sino transcritos a partir de las charlas improvisadas que ha dado en público en el transcurso de treinta y cinco años. El londinense *The Sunday Times* ha descrito a Osho como uno de los «mil creadores del siglo xx», y el escritor estadounidense Tom Robbins como «el hombre más peligroso desde Jesucristo».

Acerca de su trabajo, Osho ha dicho que está ayudando a crear las condiciones para el nacimiento de un nuevo tipo de ser humano. A menudo ha caracterizado a este ser humano como Zorba el Buda: capaz de disfrutar de los placeres terrenales, como Zorba el griego, y de la silenciosa serenidad de Gautama Buda. En todos los aspectos de la obra de Osho, como un hilo conductor, aparece una visión que conjuga la intemporal sabiduría oriental y el potencial, la tecnología y la ciencia occidentales.

Osho también es conocido por su revolucionaria contribución a la ciencia de la transformación interna, con un enfoque de la meditación que reconoce el ritmo acelerado de la vida contemporánea. Sus singulares «meditaciones activas» están destinadas a liberar el estrés acumulado en el cuerpo y la mente, y facilitar así el estado de la meditación, relajado y libre de pensamientos.

Osho® Meditation Resort

El *Meditation Resort* fue creado por Osho con el fin de que las personas puedan tener una experiencia directa y personal con una nueva forma de vivir, con una actitud más atenta, relajada y divertida. Situado a unos ciento sesenta kilómetros al sudeste de Bombay, en Puna, India, el centro ofrece diversos programas a los miles de personas que acuden a él todos los años procedentes de más de cien países.

Desarrollada en principio como lugar de retiro para los marajás y la adinerada colonia británica, Puna es en la actualidad una ciudad moderna y próspera que alberga numerosas universidades e industrias de alta tecnología. El *Meditation Resort* se extiende sobre una superficie de más de dieciséis hectáreas, en una zona poblada de árboles conocida como Koregaon Park. Ofrece alojamiento de lujo para un número limitado de huéspedes, y en las cercanías existen numerosos hoteles y apartamentos privados para estancias desde varios días hasta varios meses.

Todos los programas del centro se basan en la visión de Osho de un ser humano cualitativamente nuevo, capaz de participar con creatividad en la vida cotidiana y de relajarse con el silencio y la meditación. La mayoría de los programas se desarrollan en instalaciones modernas, con aire acondicionado, y entre ellos se cuentan sesiones individuales, cursos y talleres, que abarcan desde las artes creativas hasta los tratamientos holísticos, pasando por la transformación y terapia personales, las ciencias esotéricas, el enfoque zen de los deportes y otras actividades recreativas, problemas de relación y transiciones vitales importantes para hombres y mujeres. Durante todo el año se ofrecen sesiones indivi-

duales y talleres de grupo, junto con un programa diario de meditaciones.

Los cafés y restaurantes al aire libre del *Meditation Resort* sirven cocina tradicional india y platos internacionales, todos ellos
confeccionados con vegetales orgánicos cultivados en la granja de
la comuna. El complejo tiene su propio suministro de agua filtrada.

PARA MÁS INFORMACIÓN

Para obtener más información sobre cómo visitar este centro de la
India, o conocer más sobre Osho y su obra, se puede consultar
www.osho.com, amplio sitio web en varias lenguas que incluye un
recorrido por el *Meditation Resort* y un calendario de los cursos
que ofrece, un catálogo de libros y cintas, una lista de los centros
de información sobre Osho de todo el mundo y una selección de
sus charlas. También puede dirigirse a Osho International, Nueva
York, *oshointernational@oshointernational.com*.